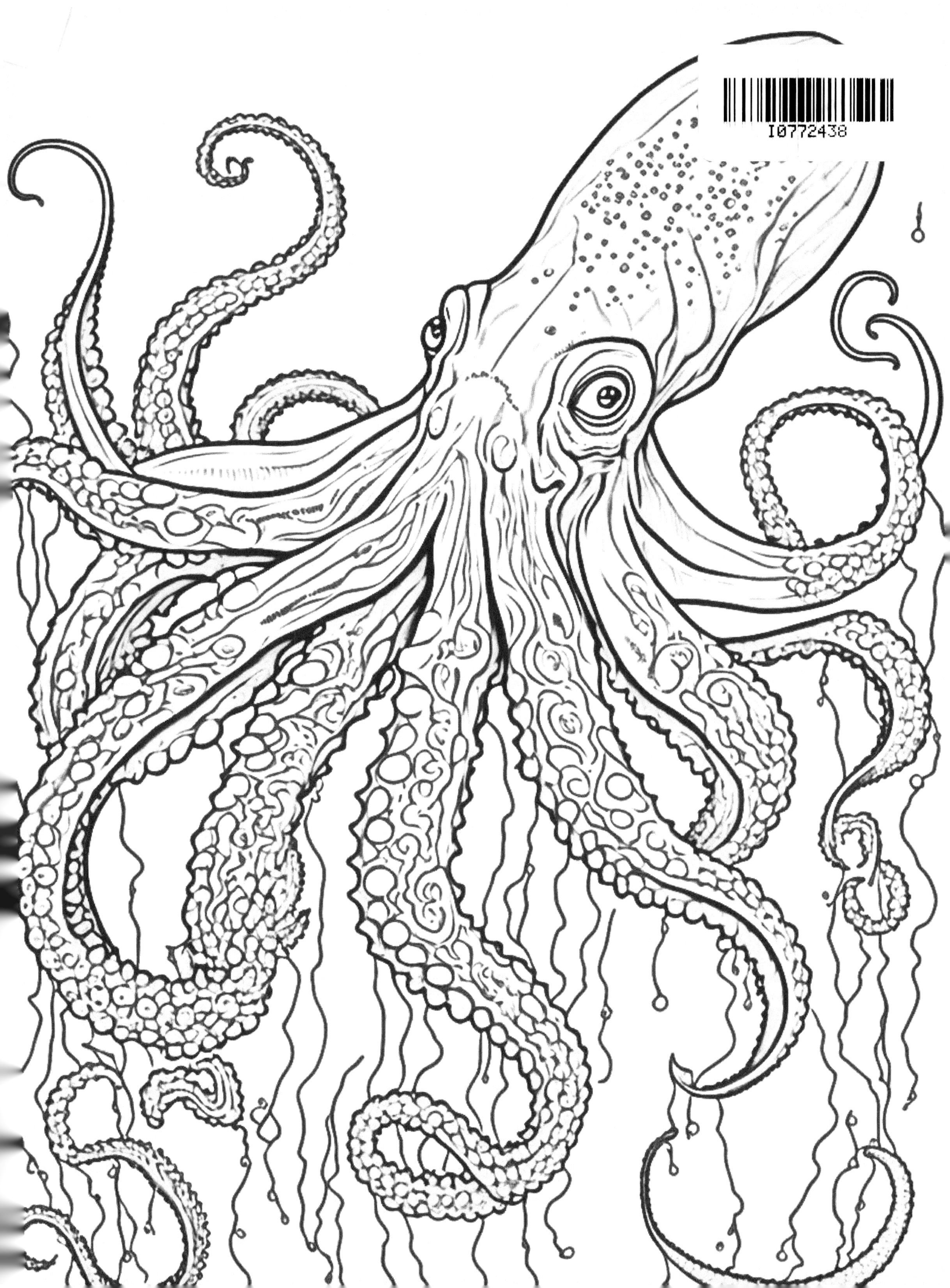
I0772438

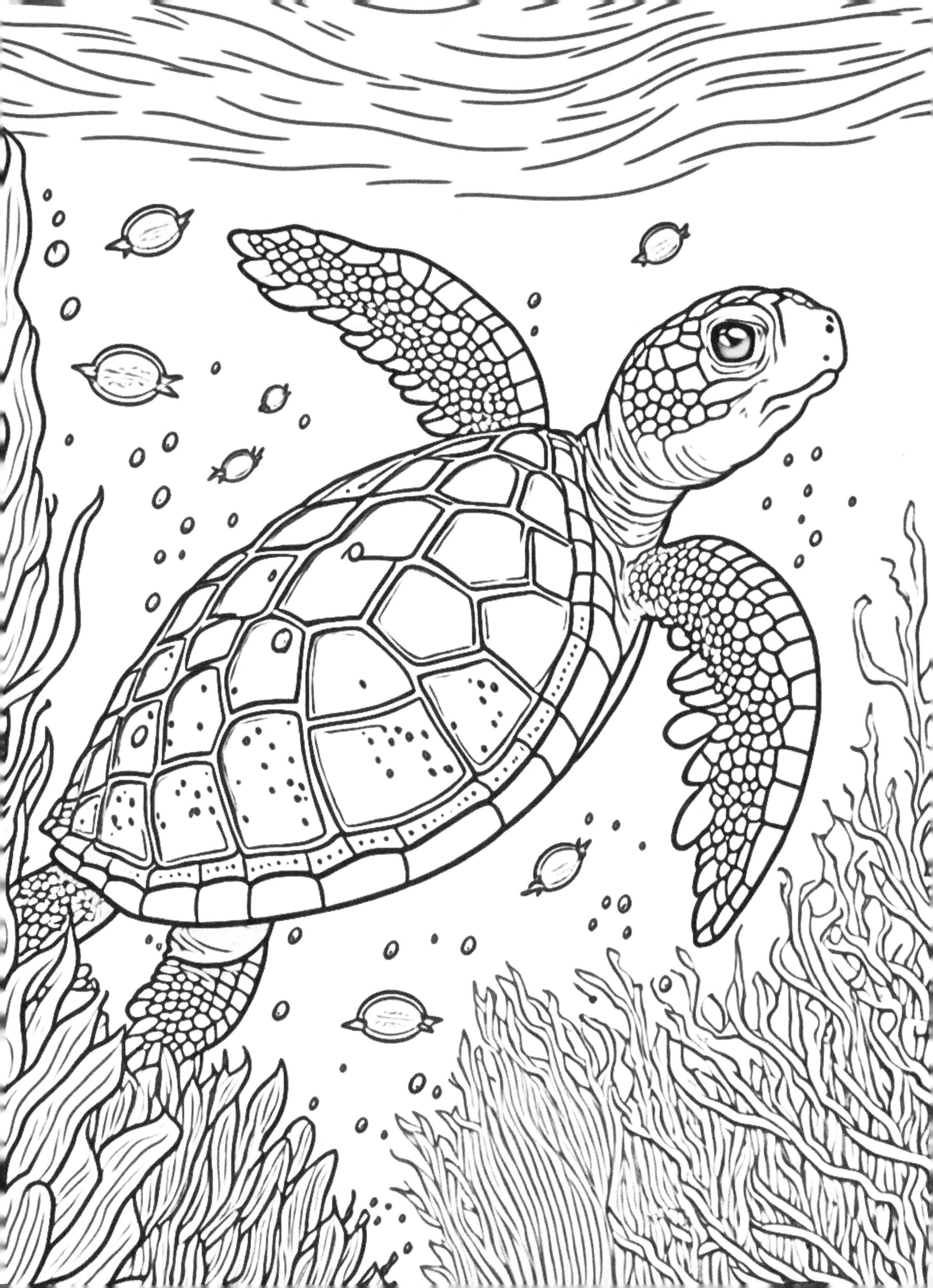

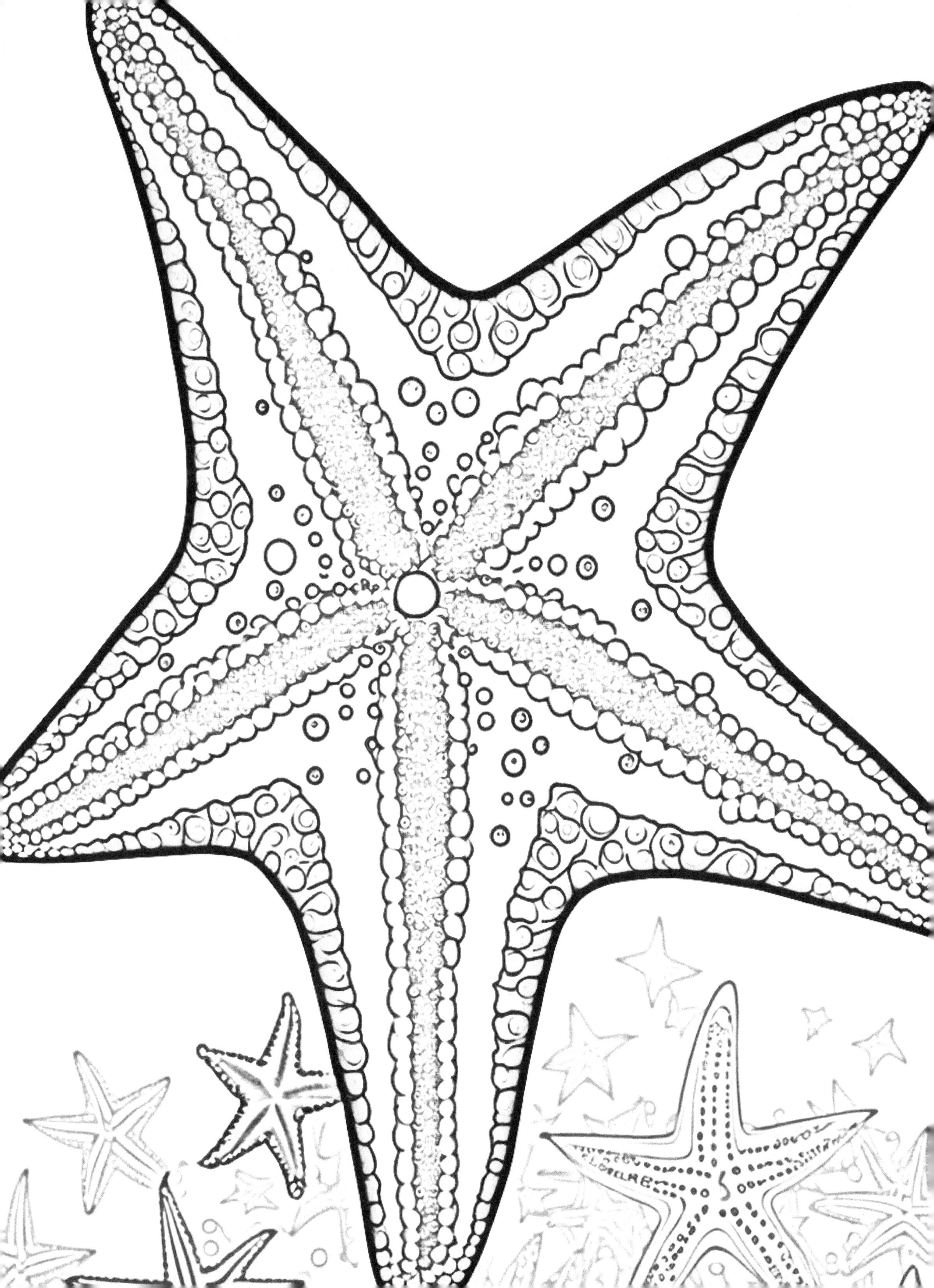

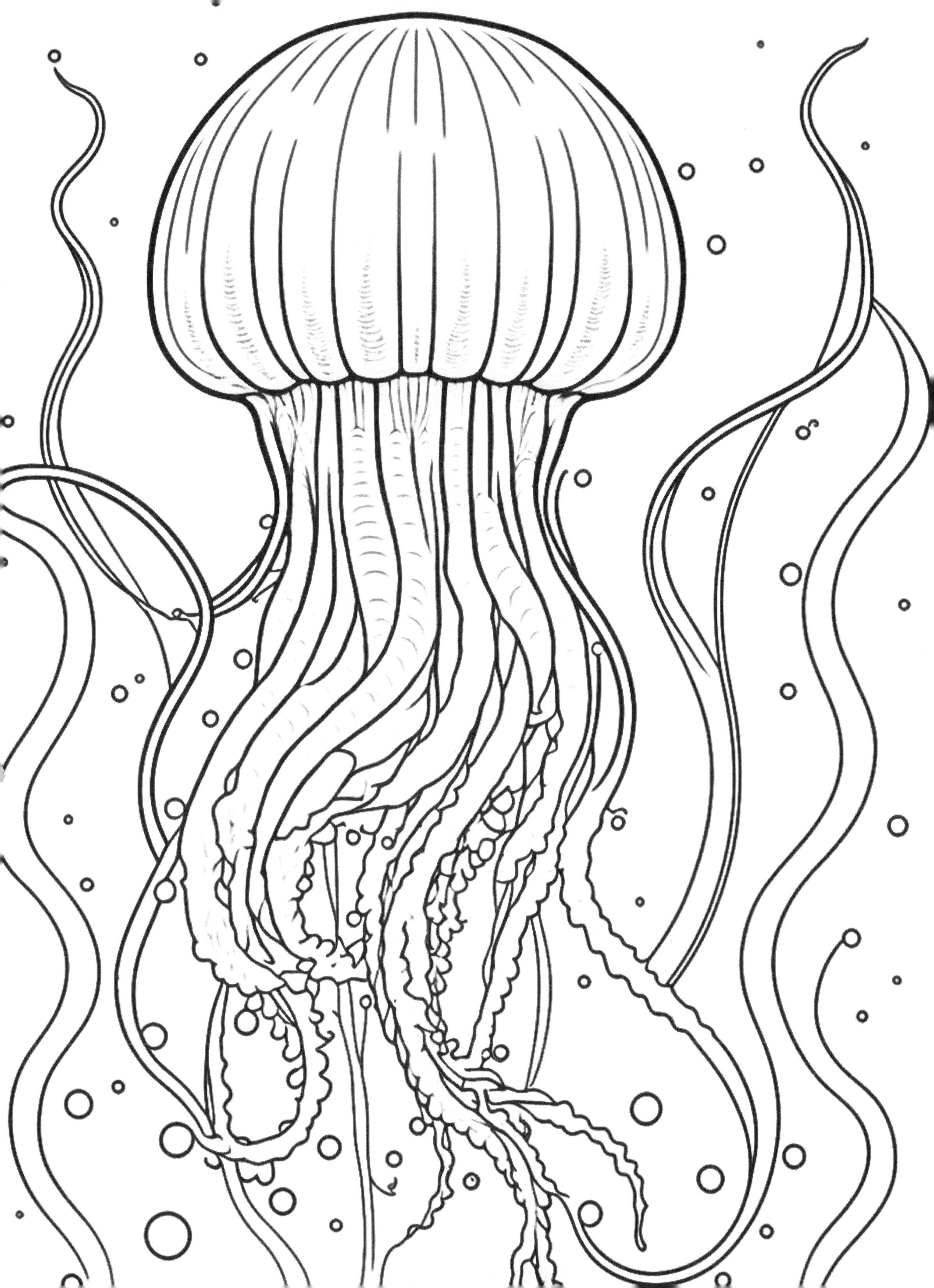

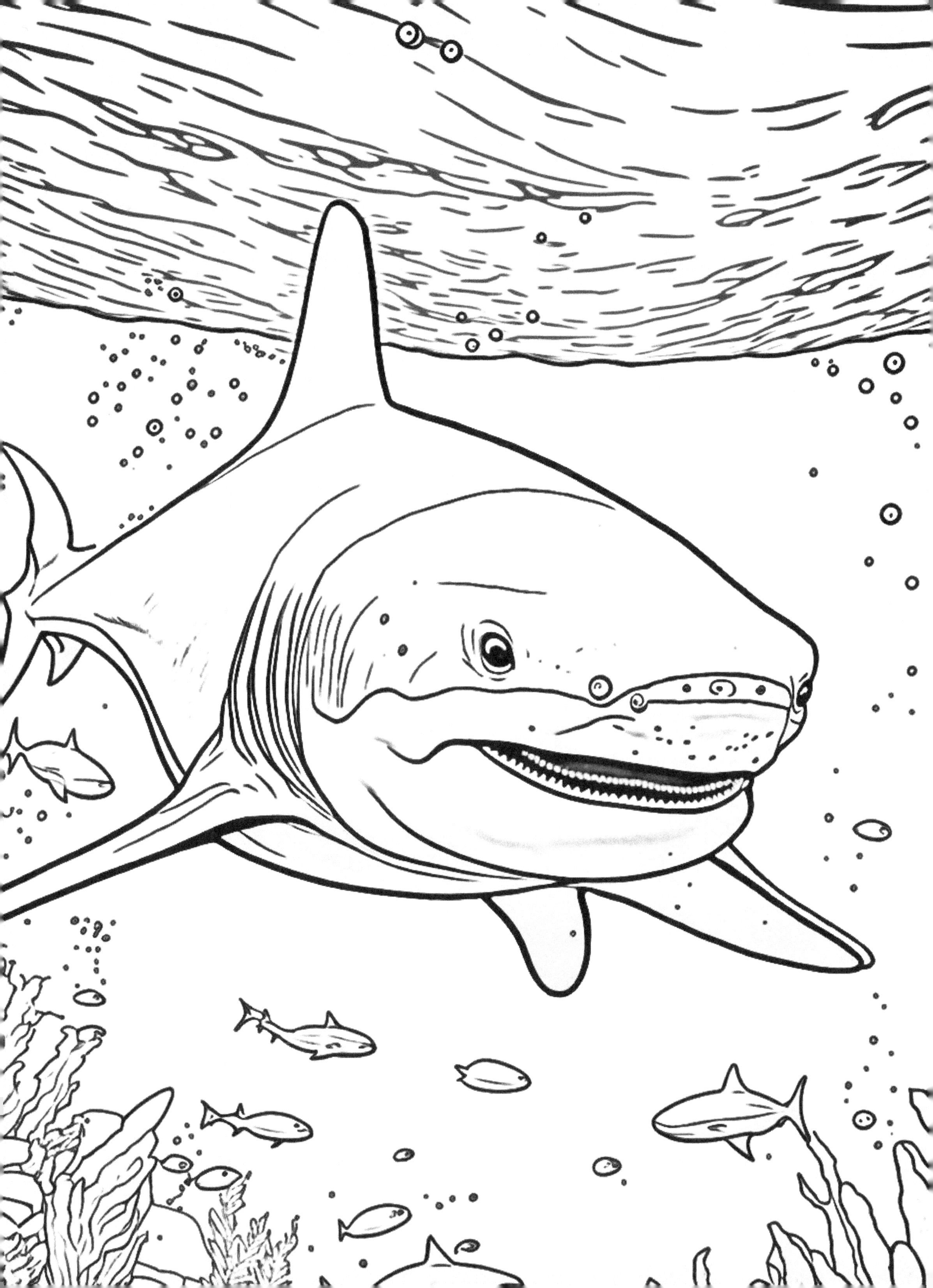

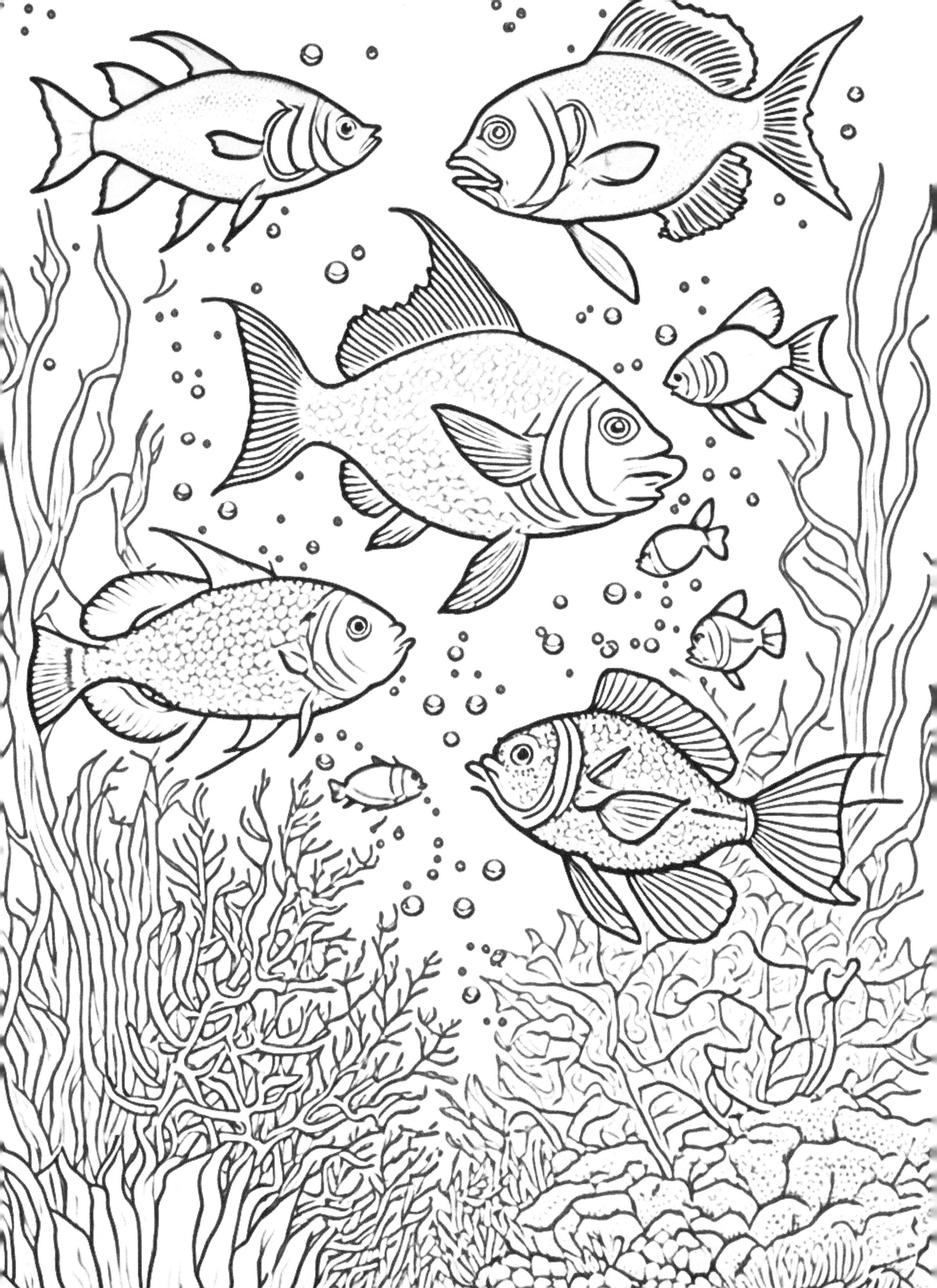

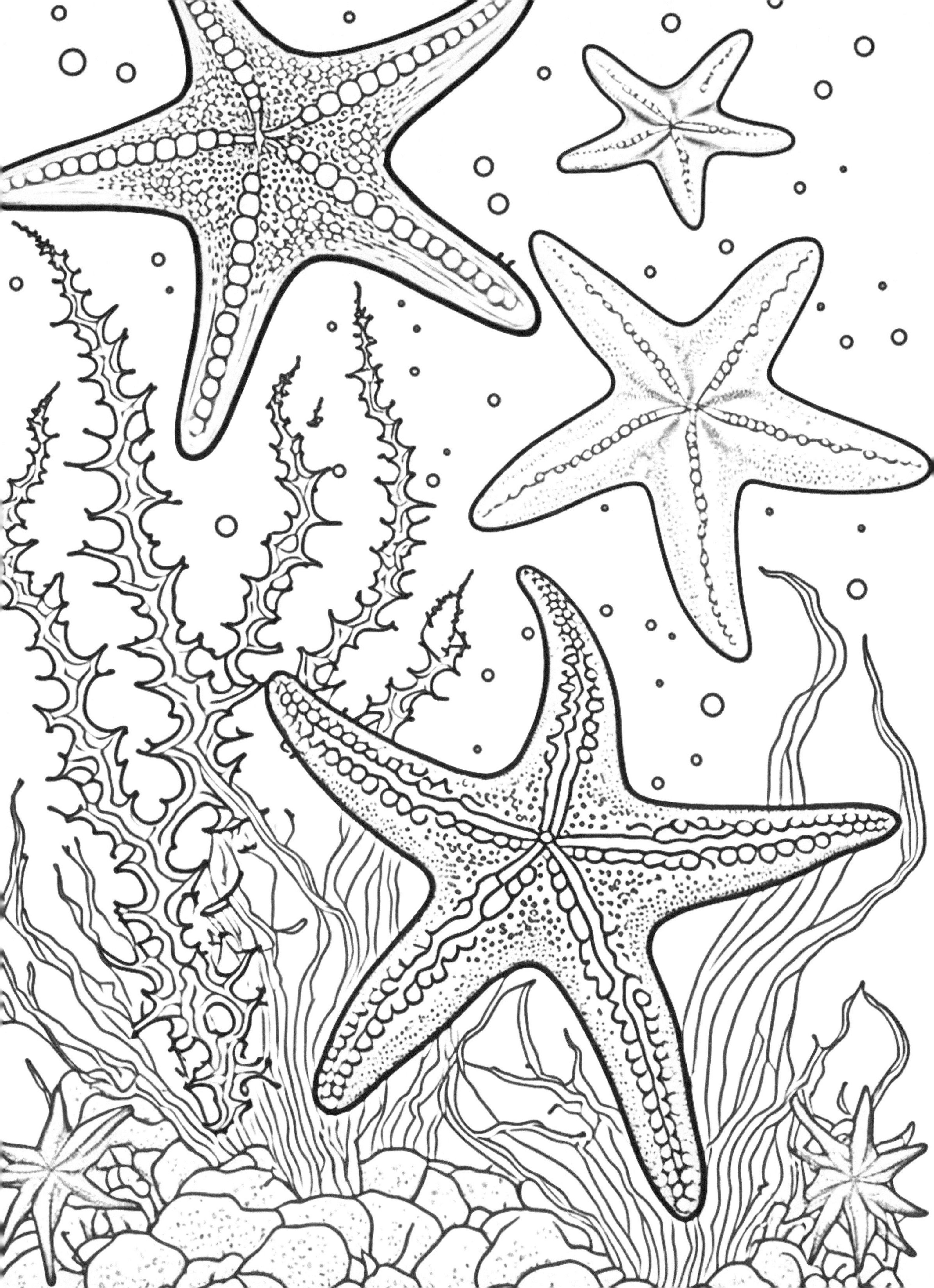

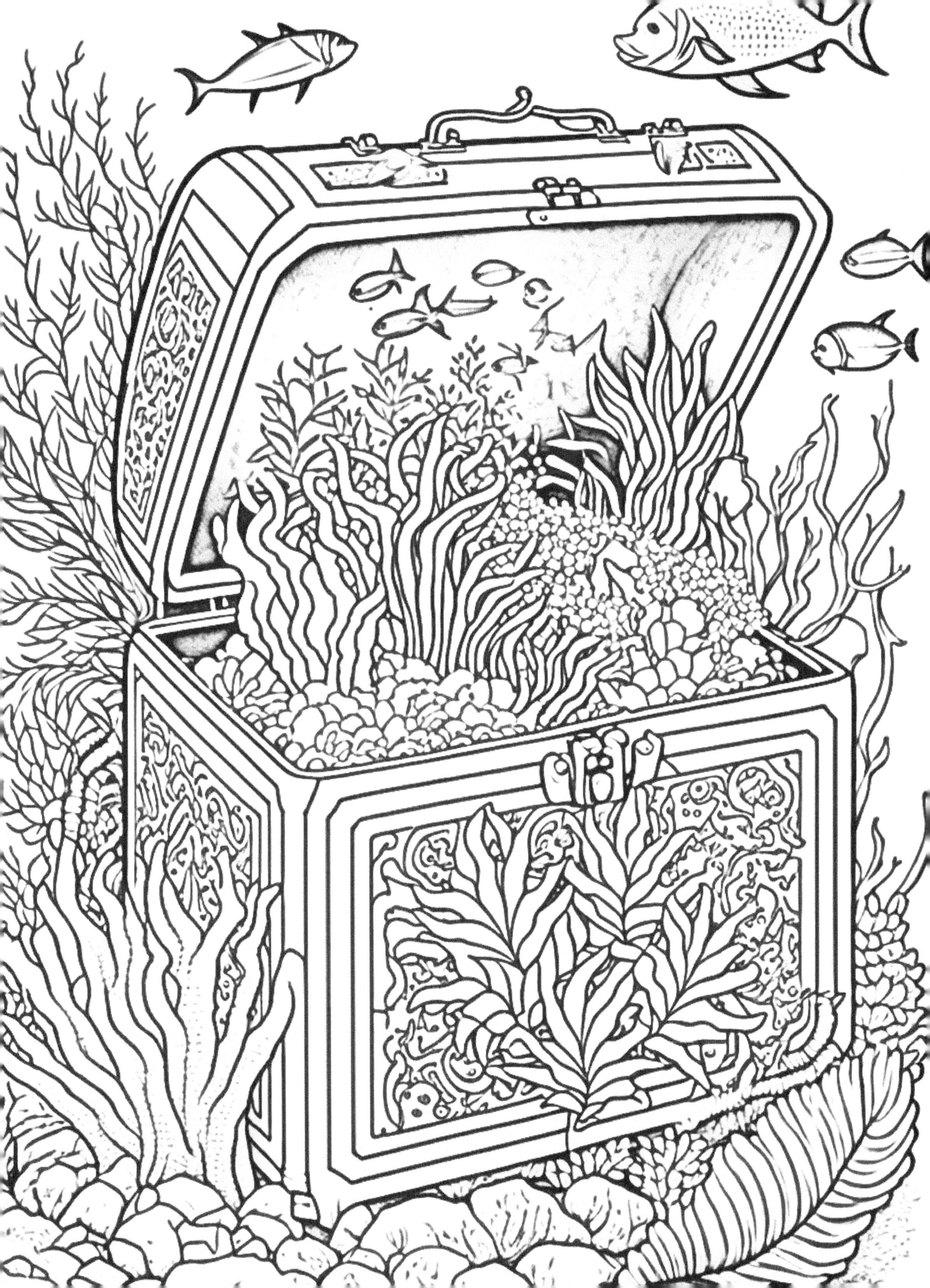

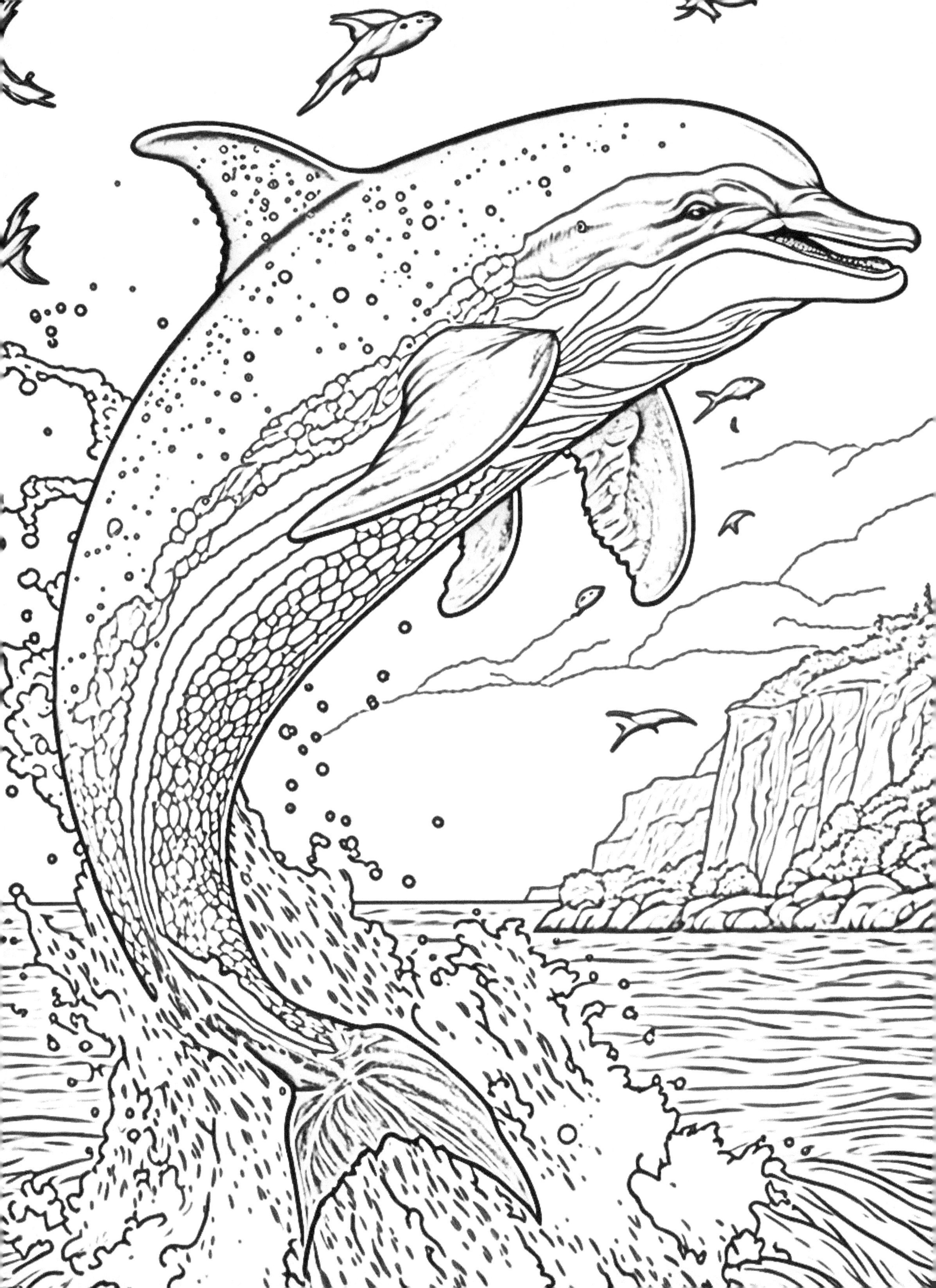

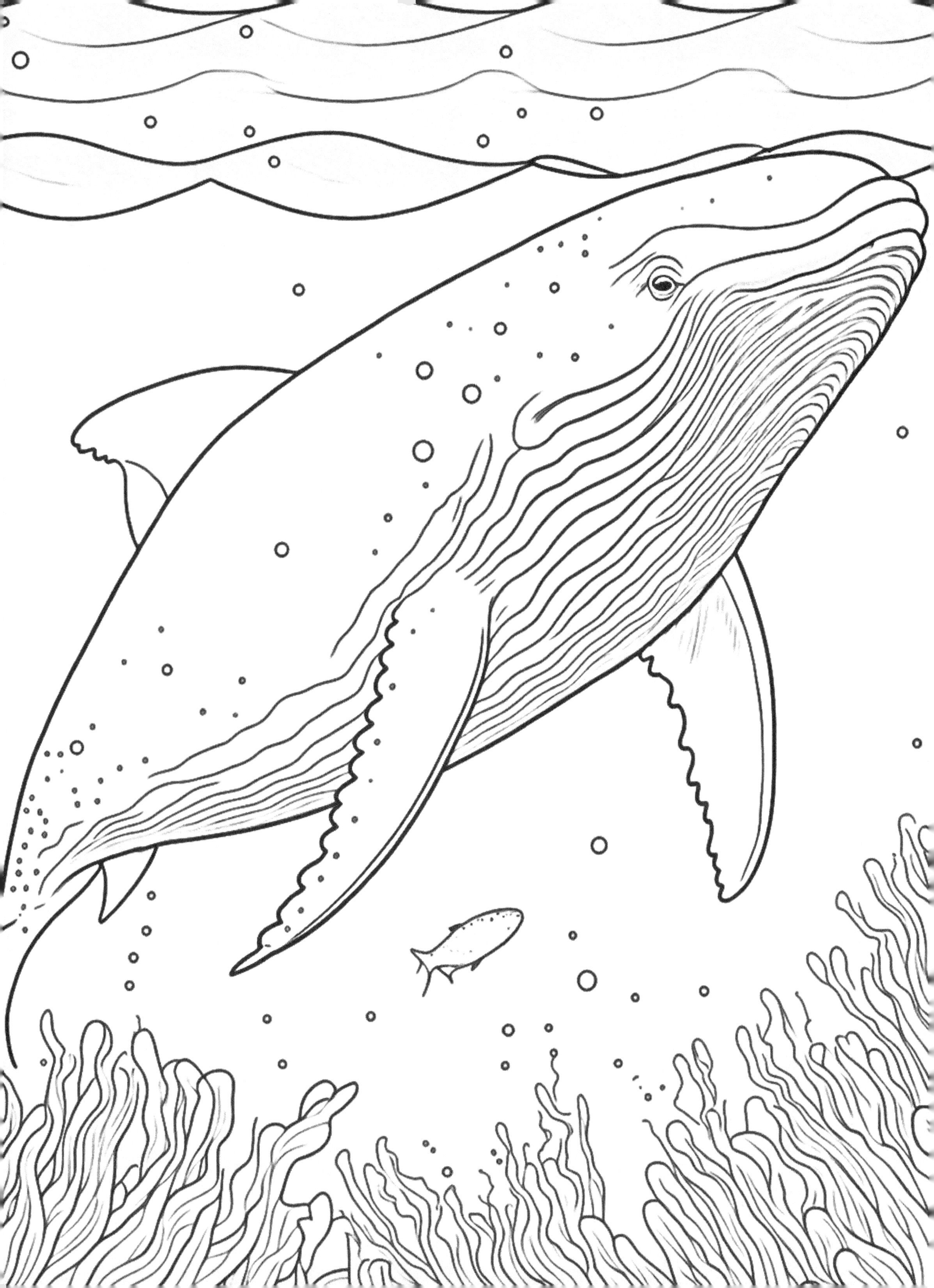

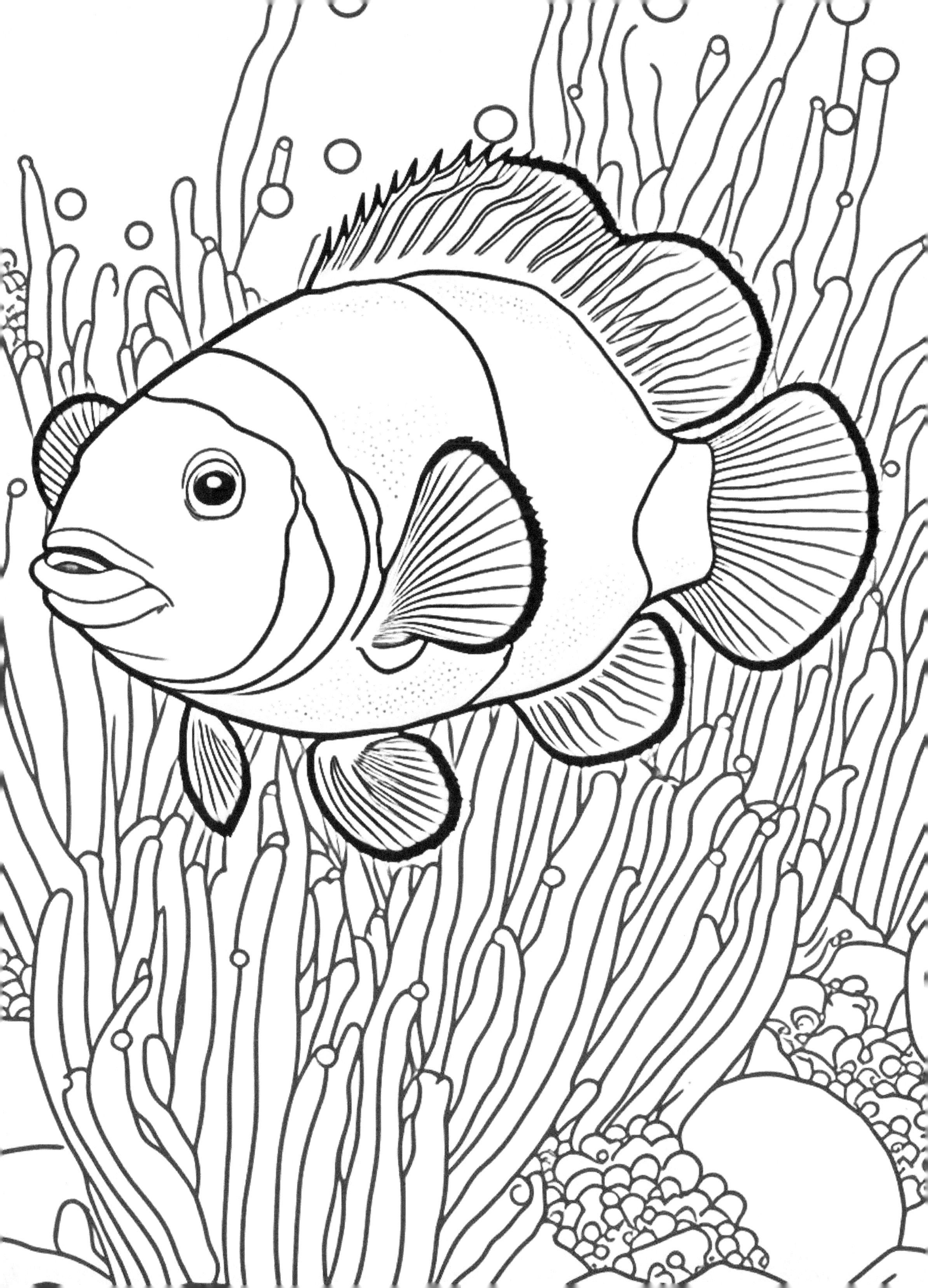

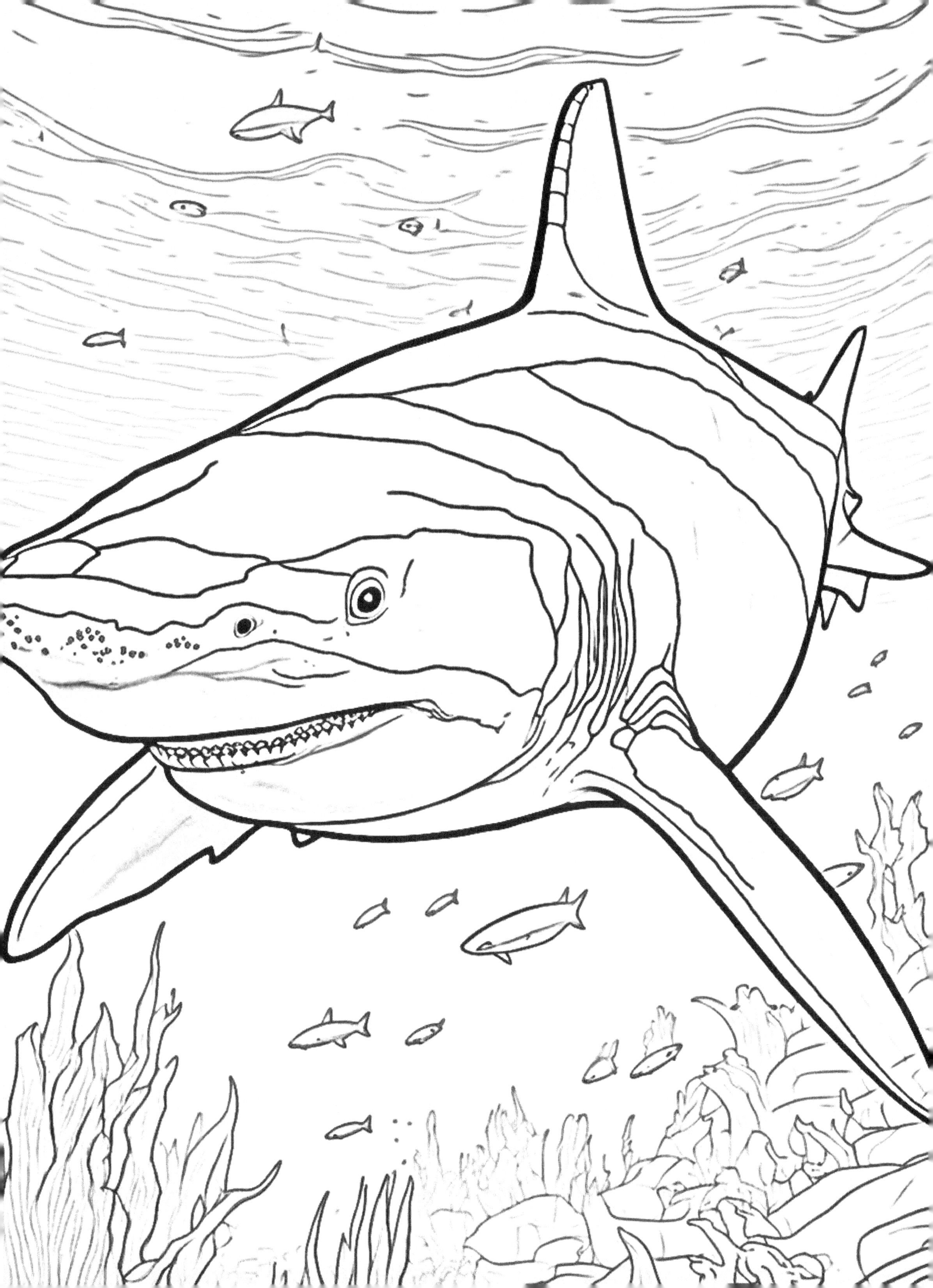

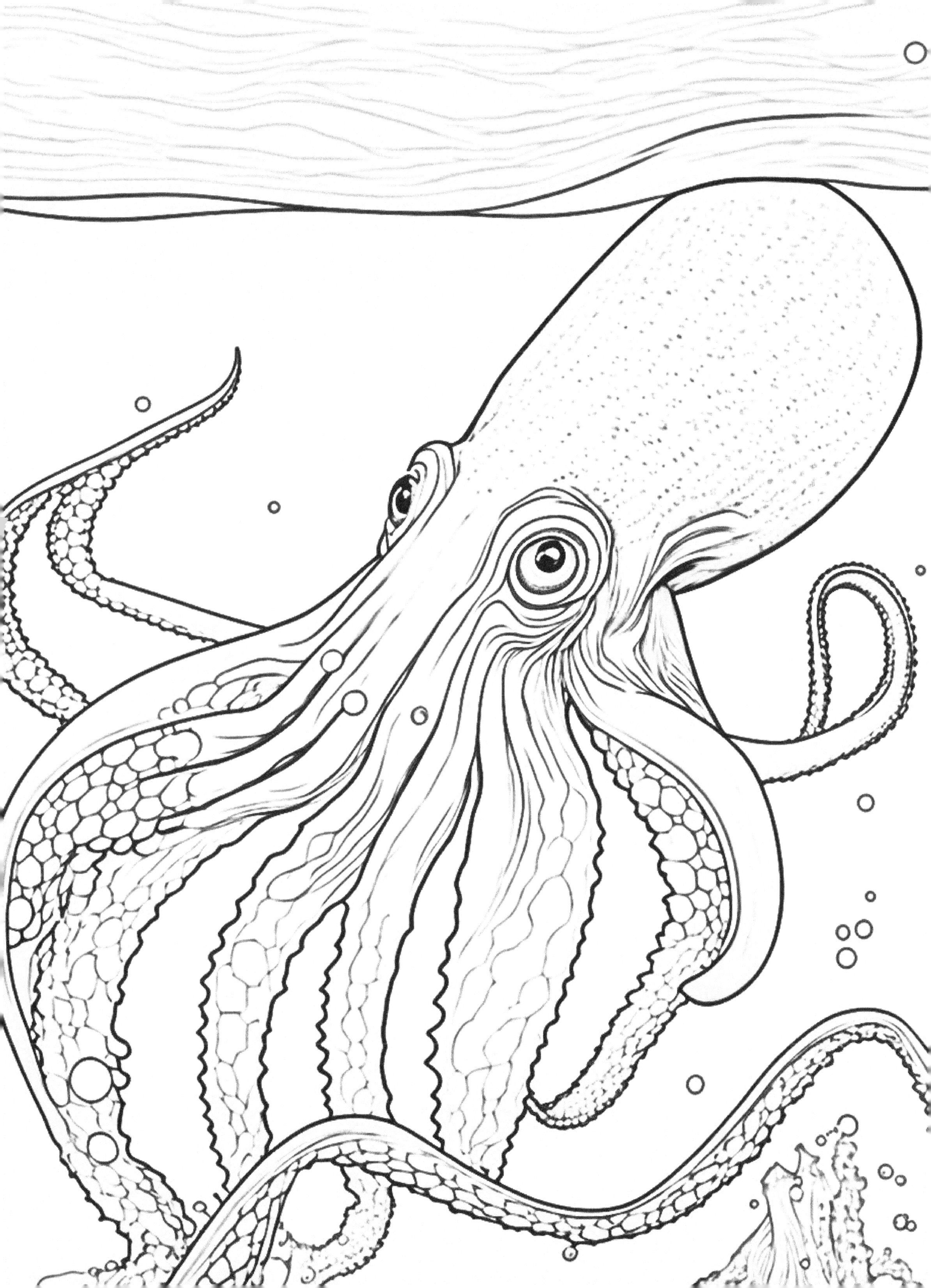

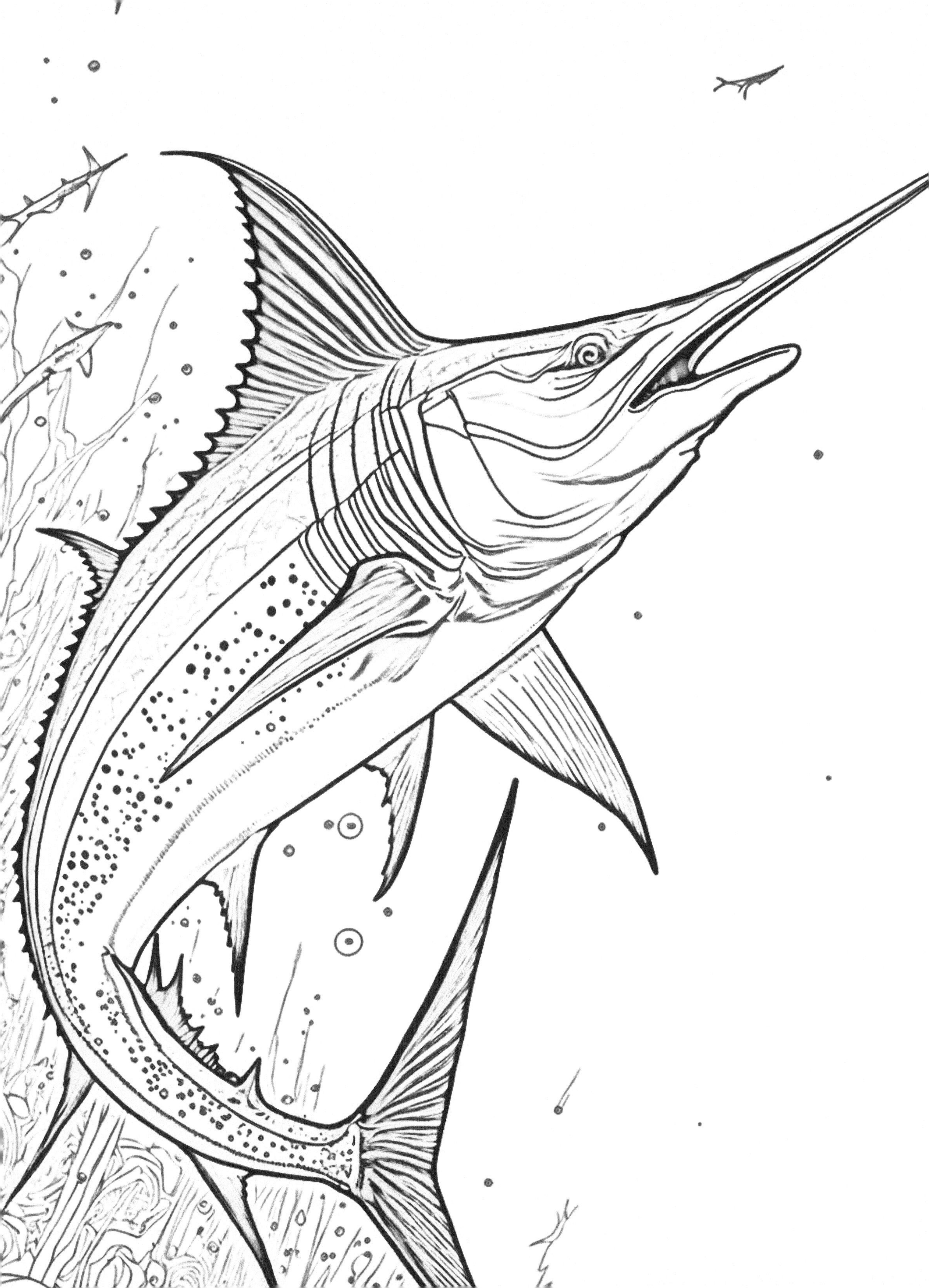

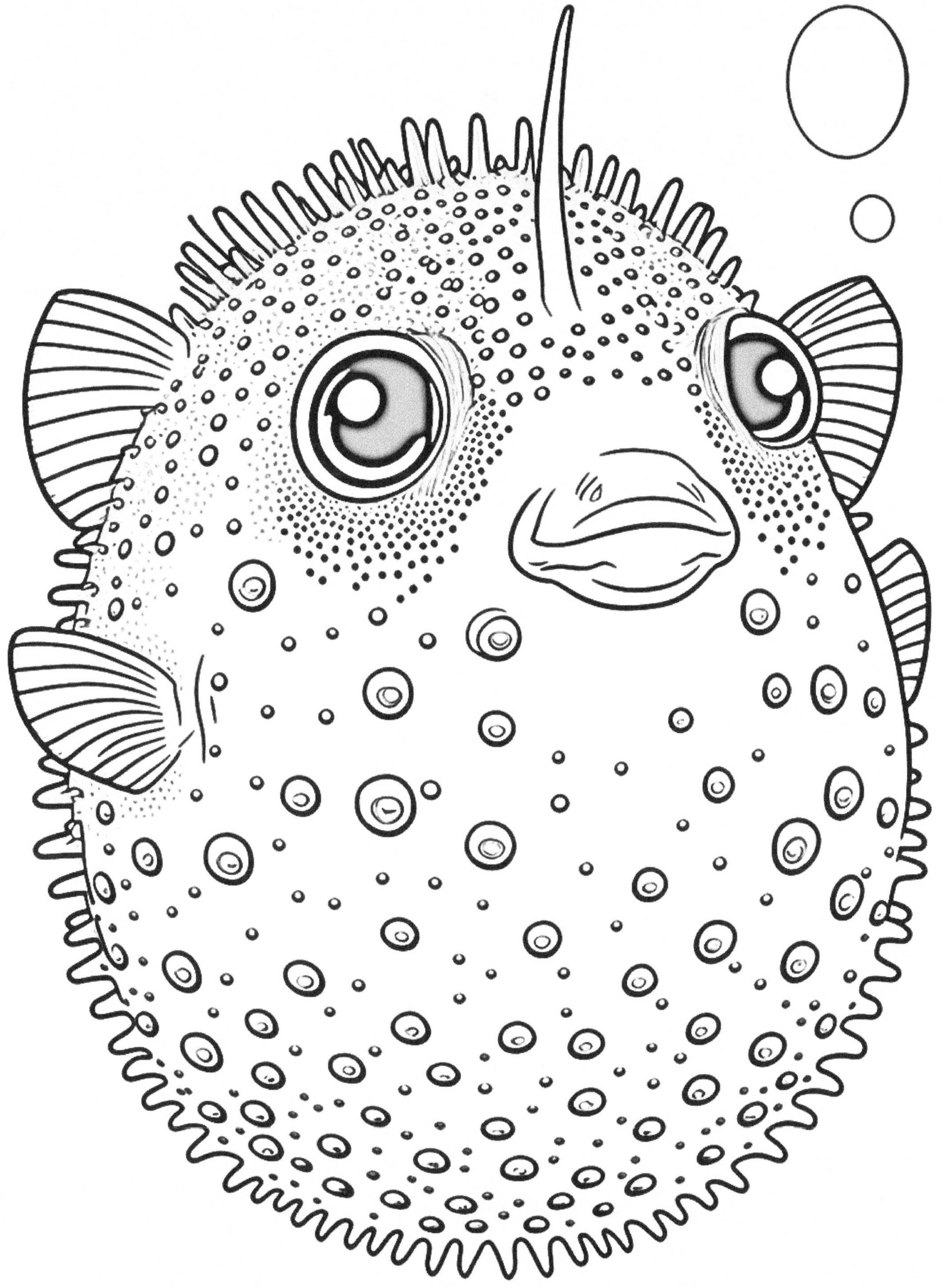

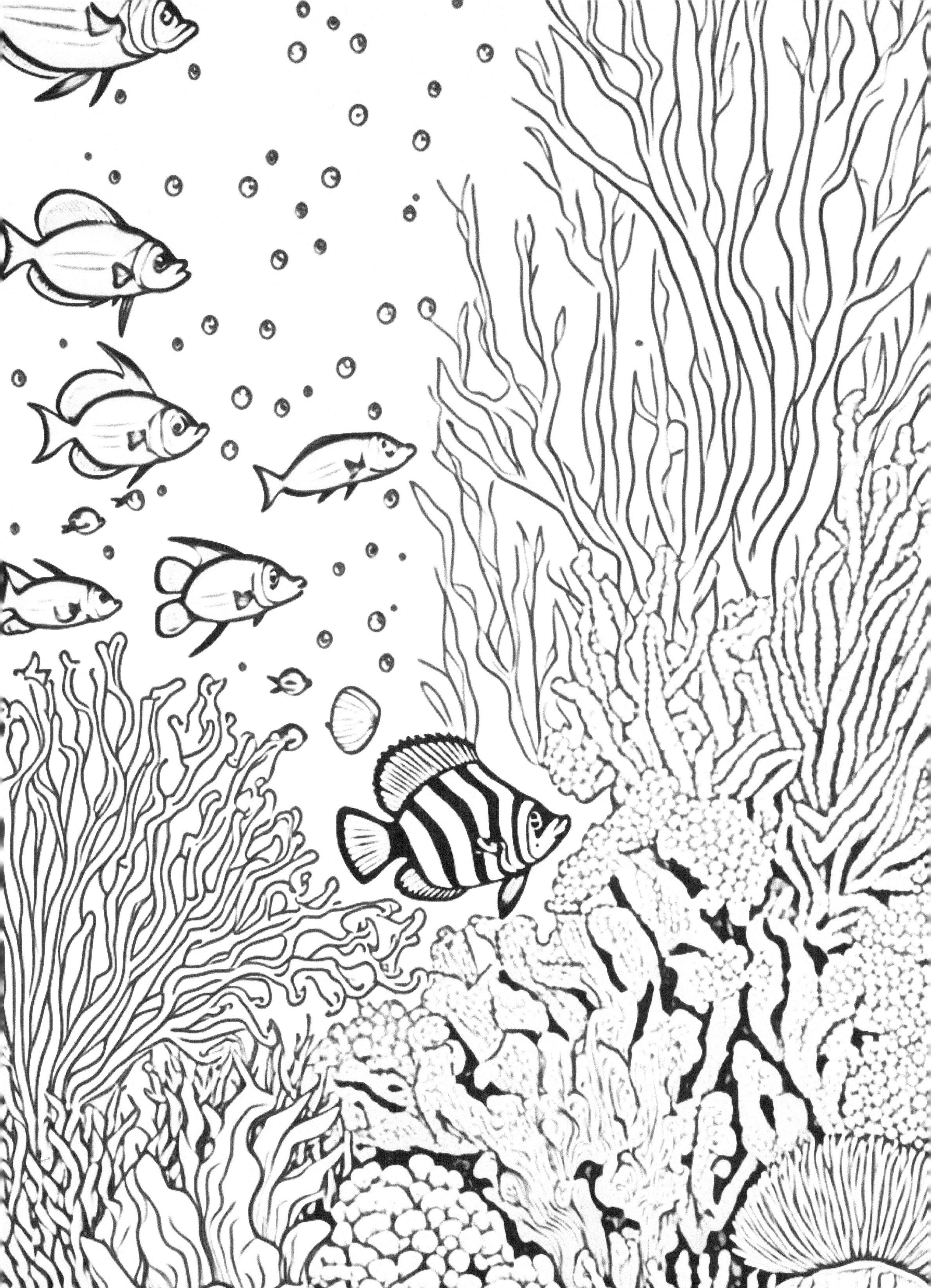

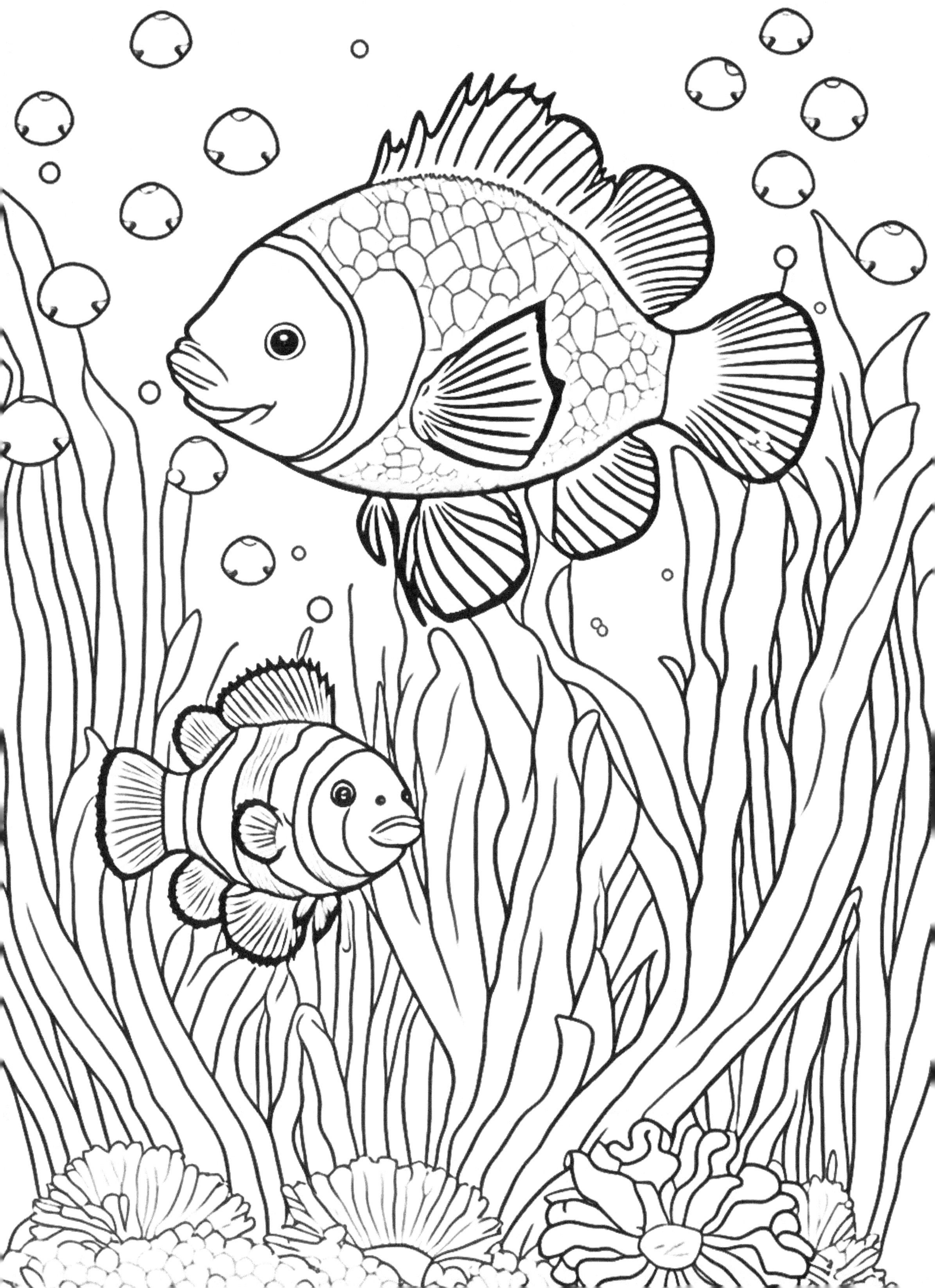

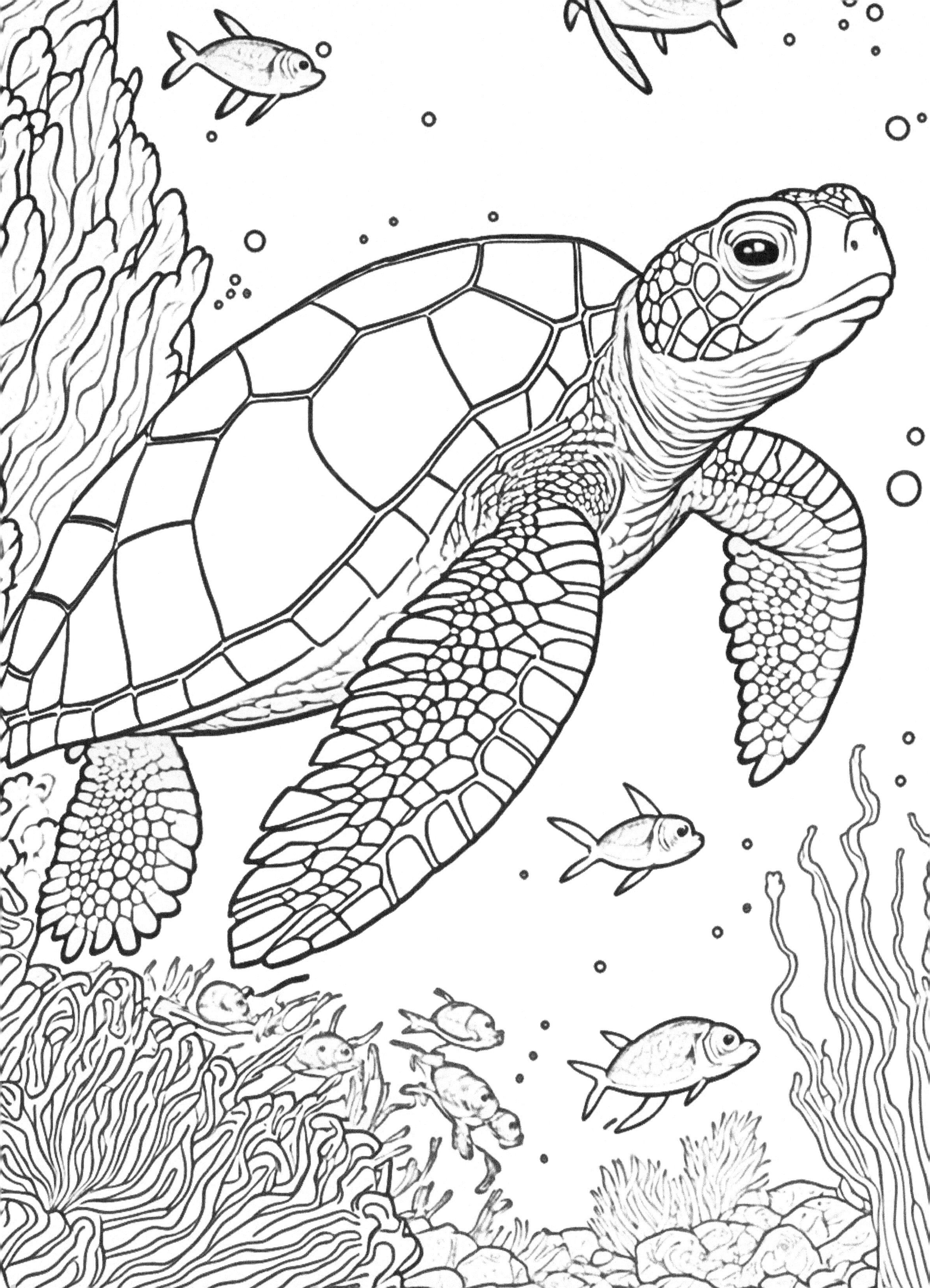

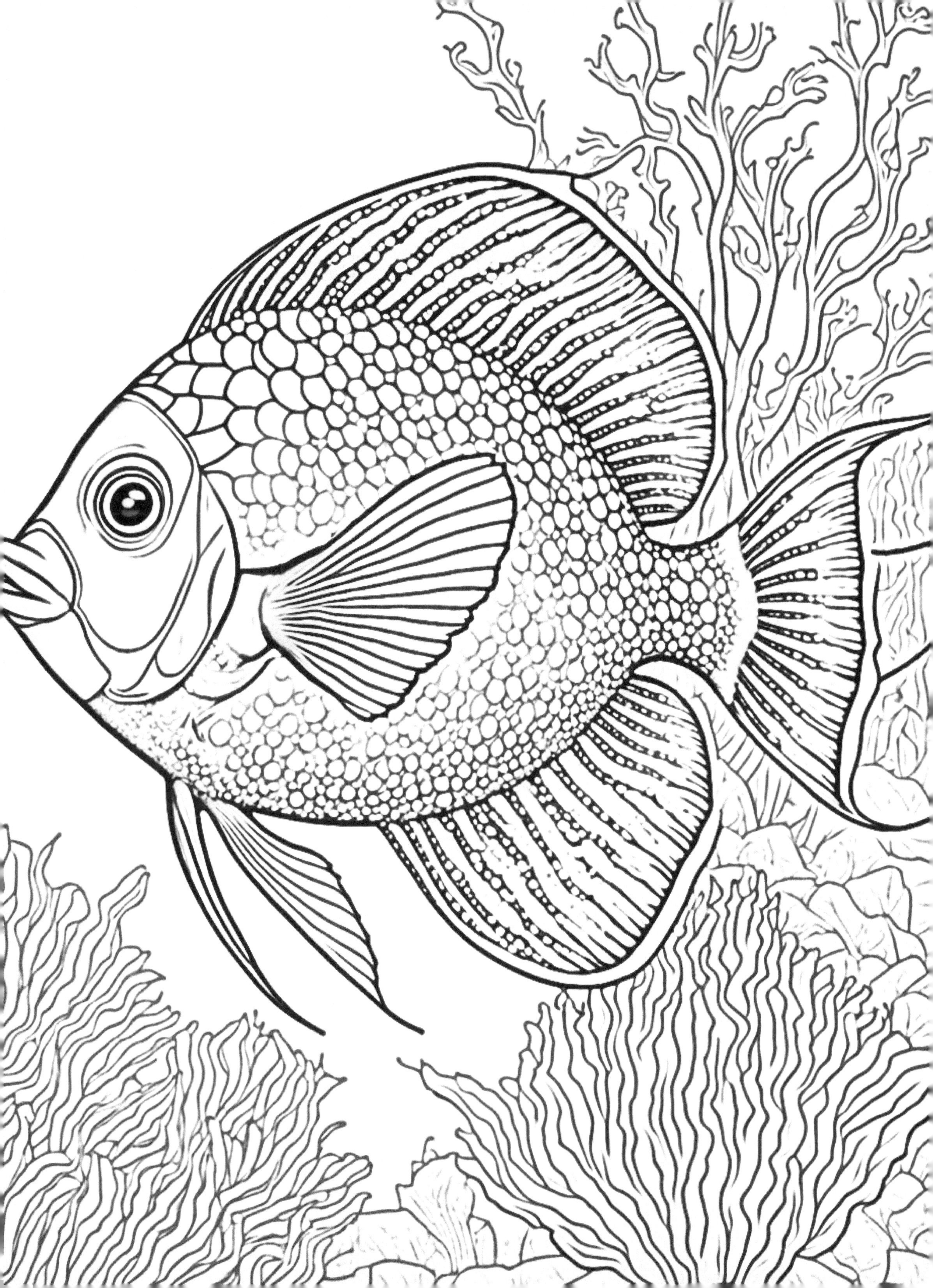

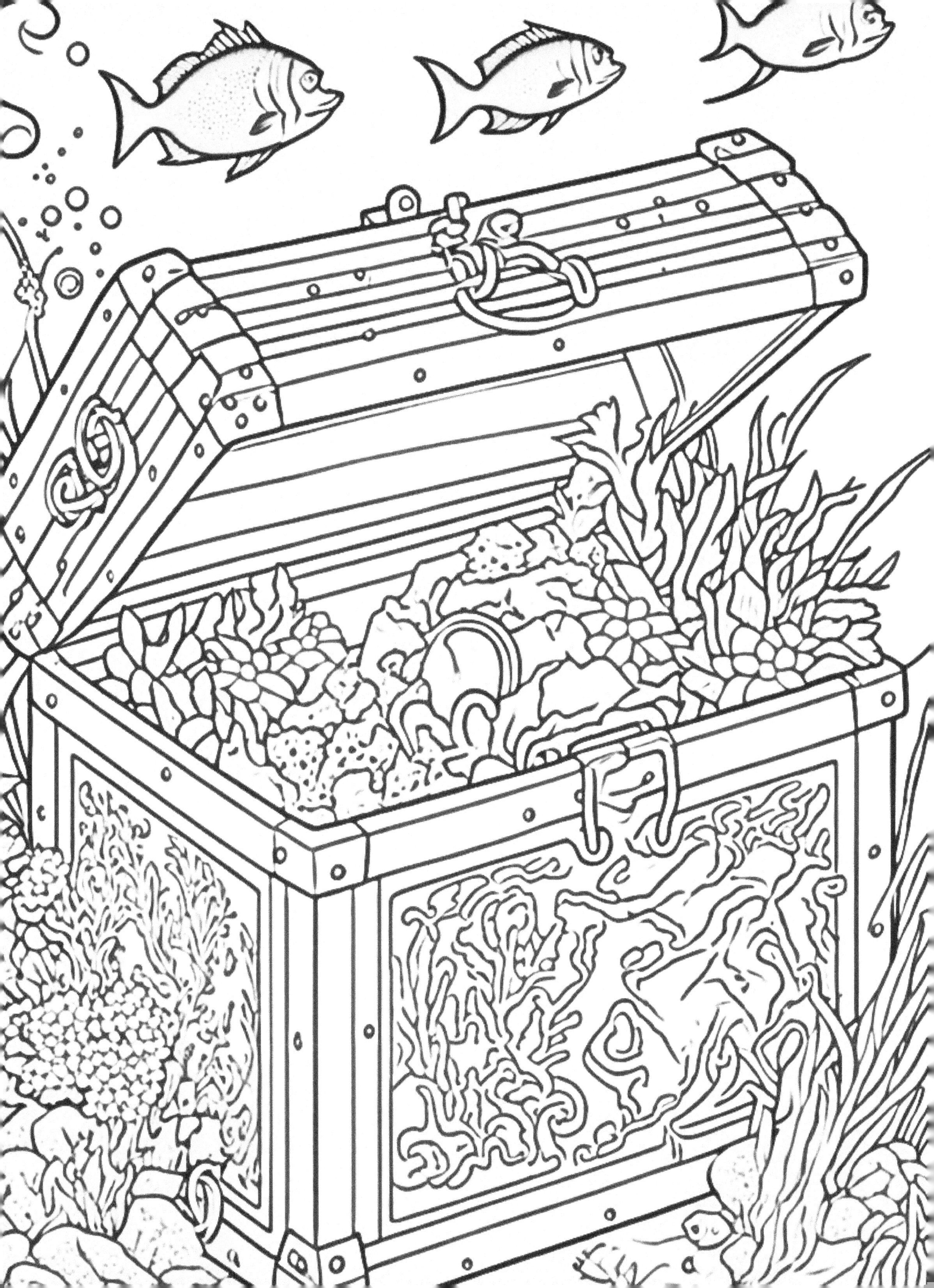

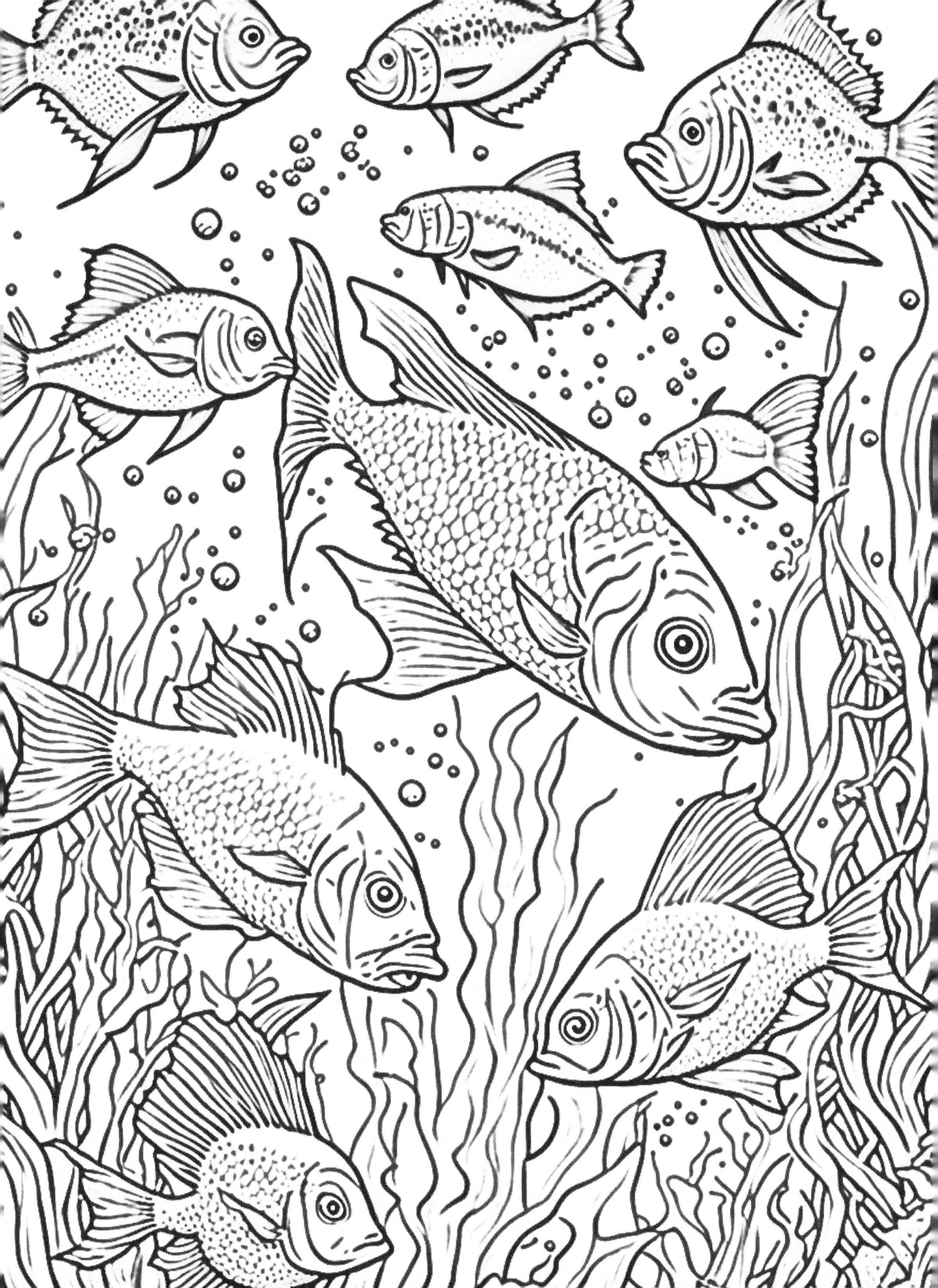

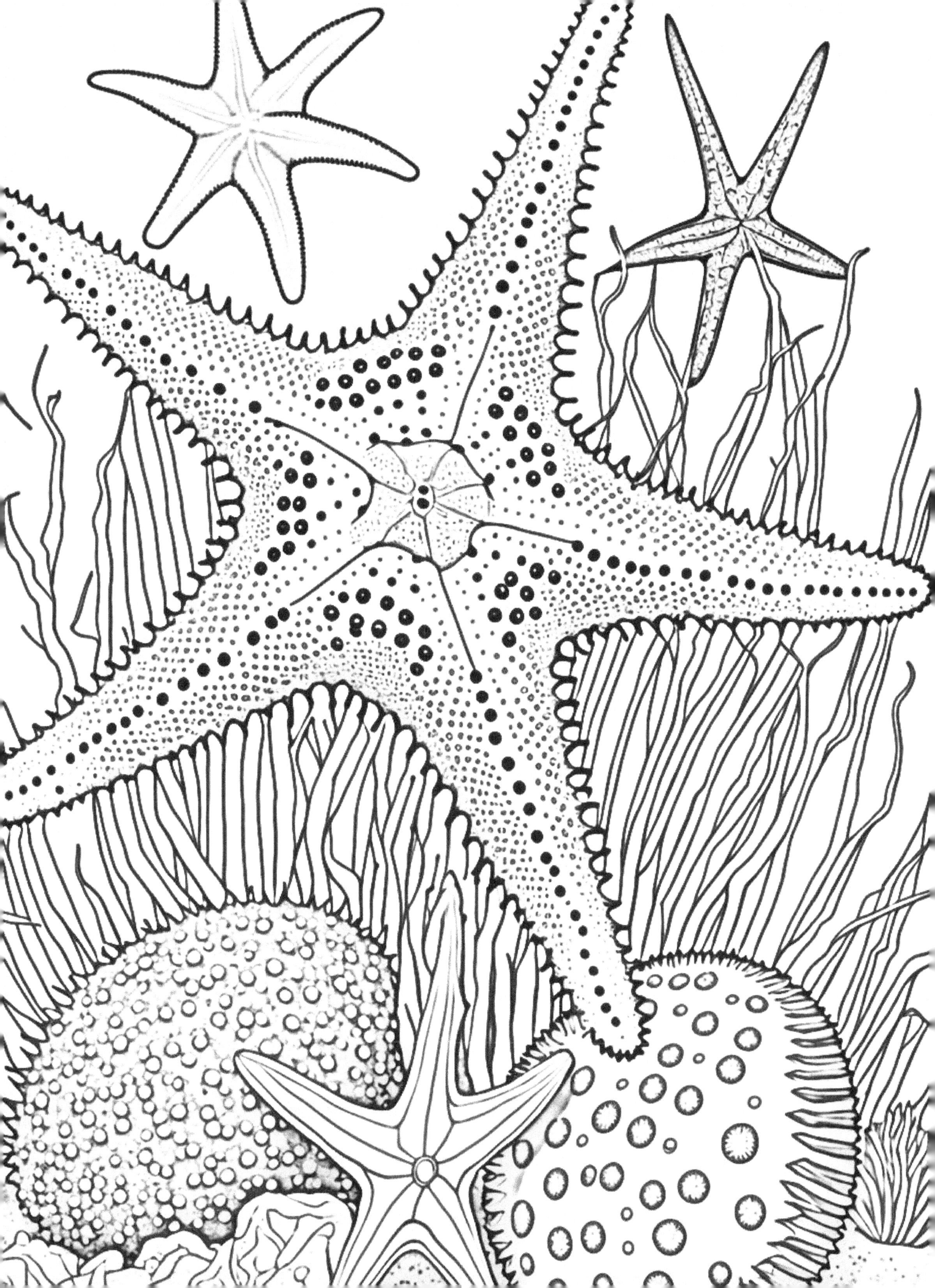

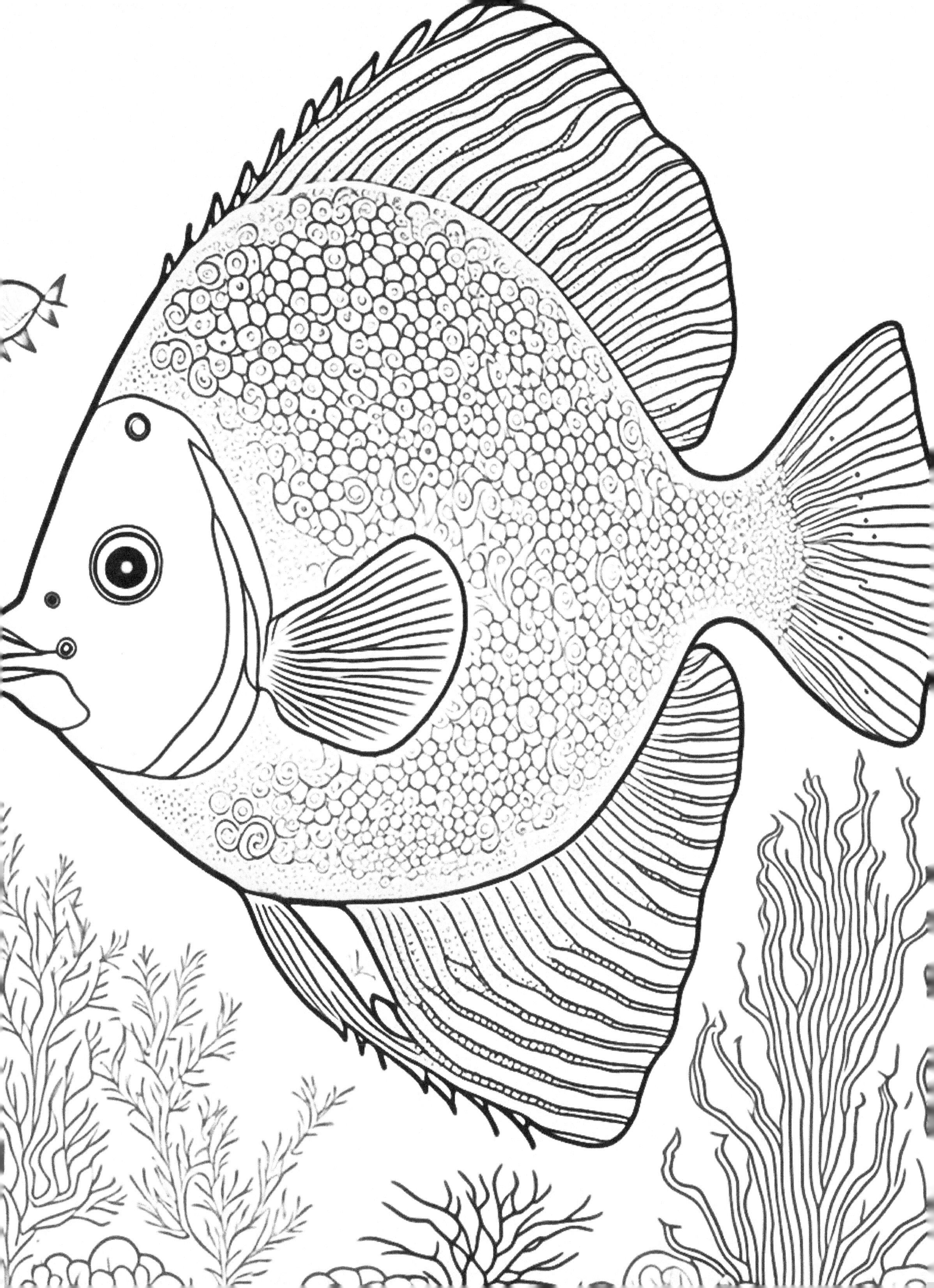

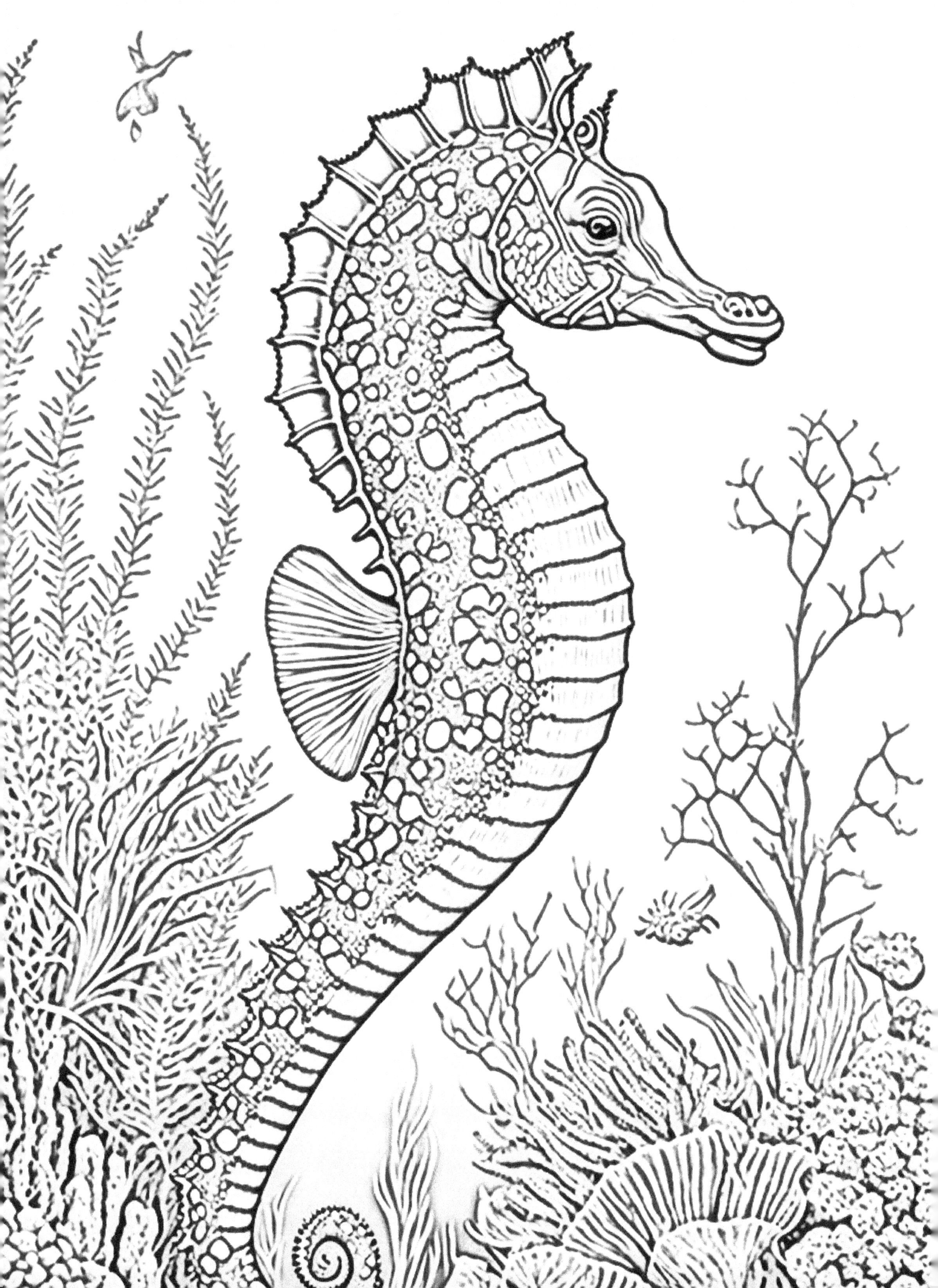

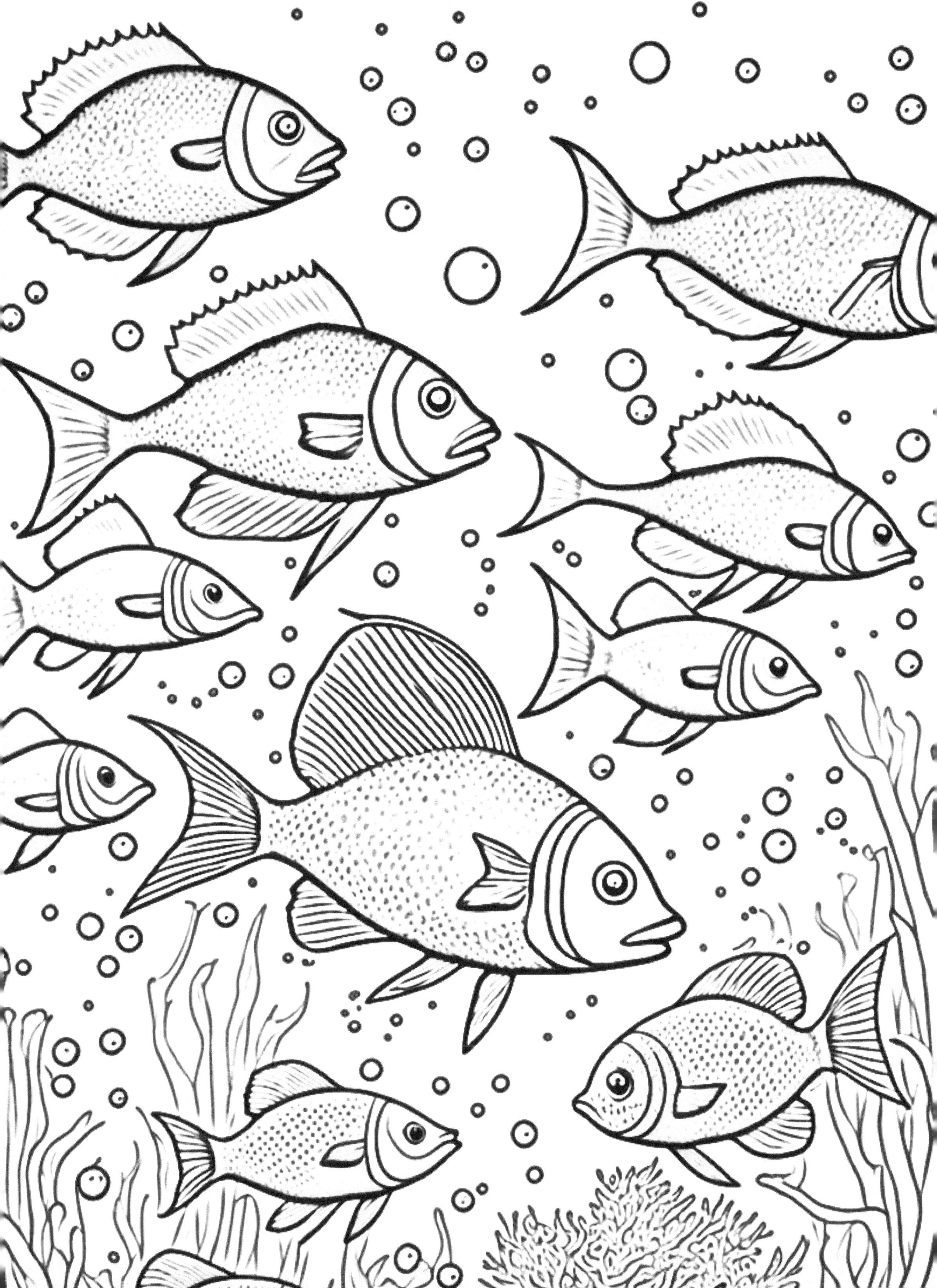

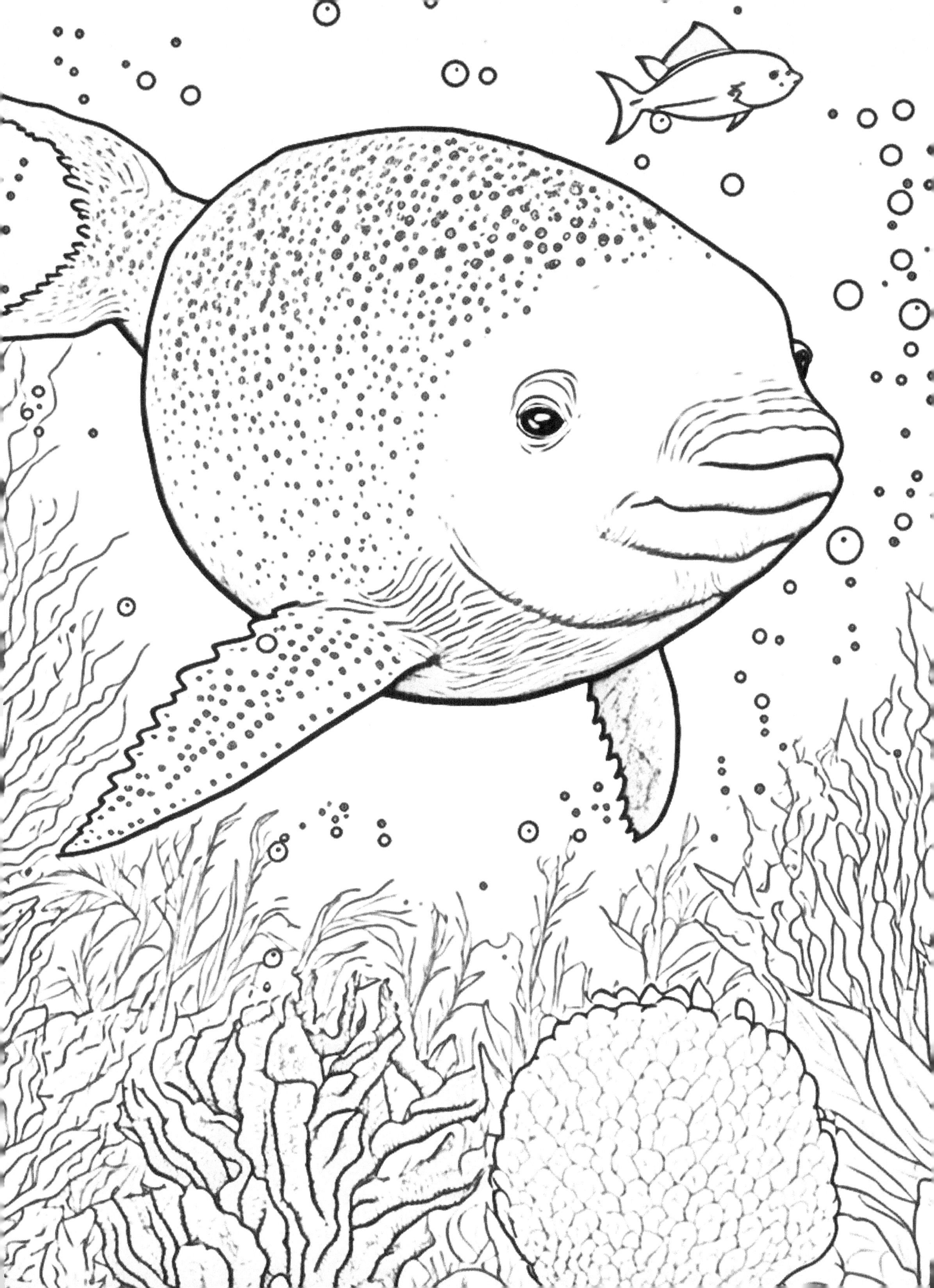

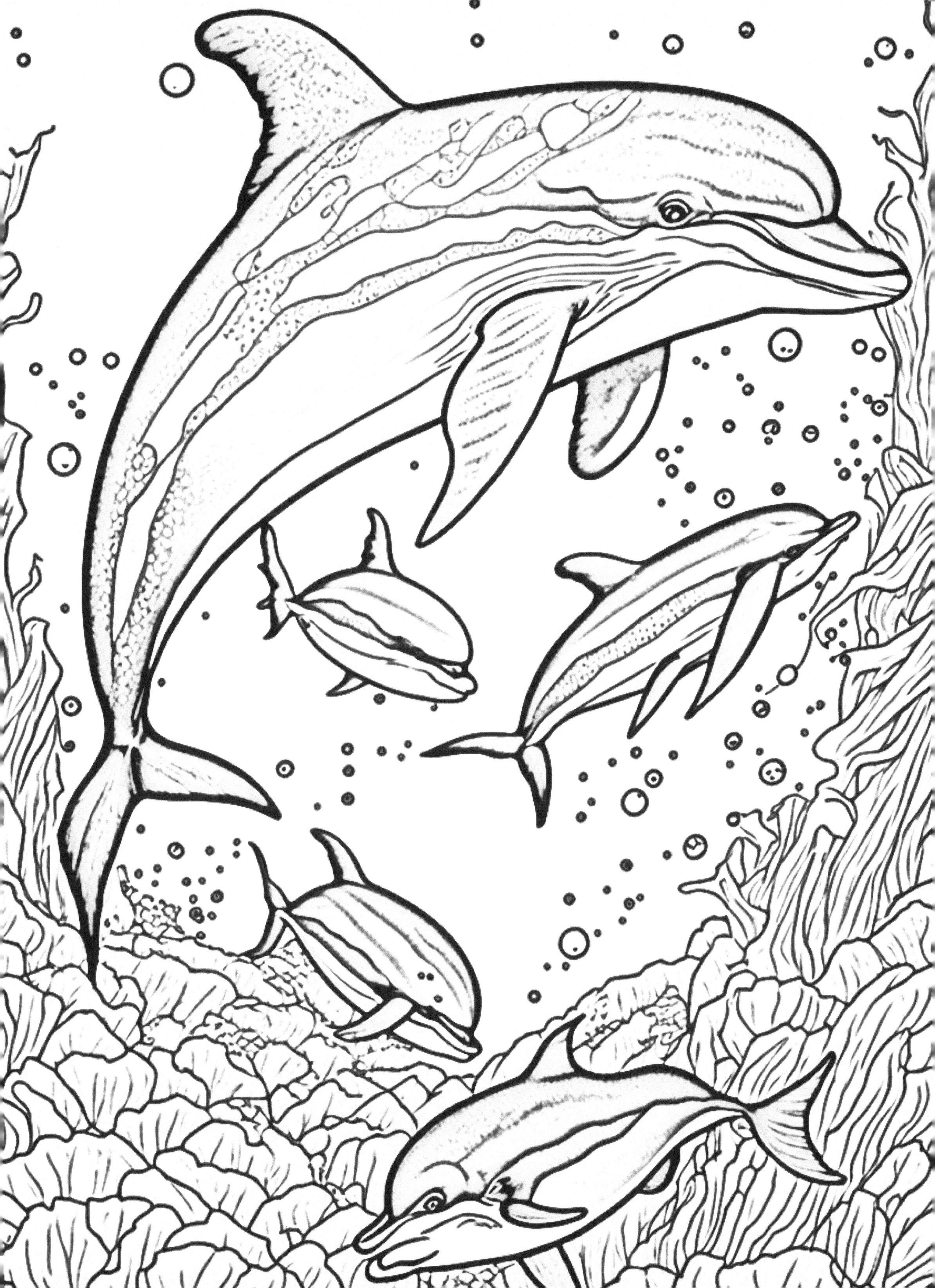

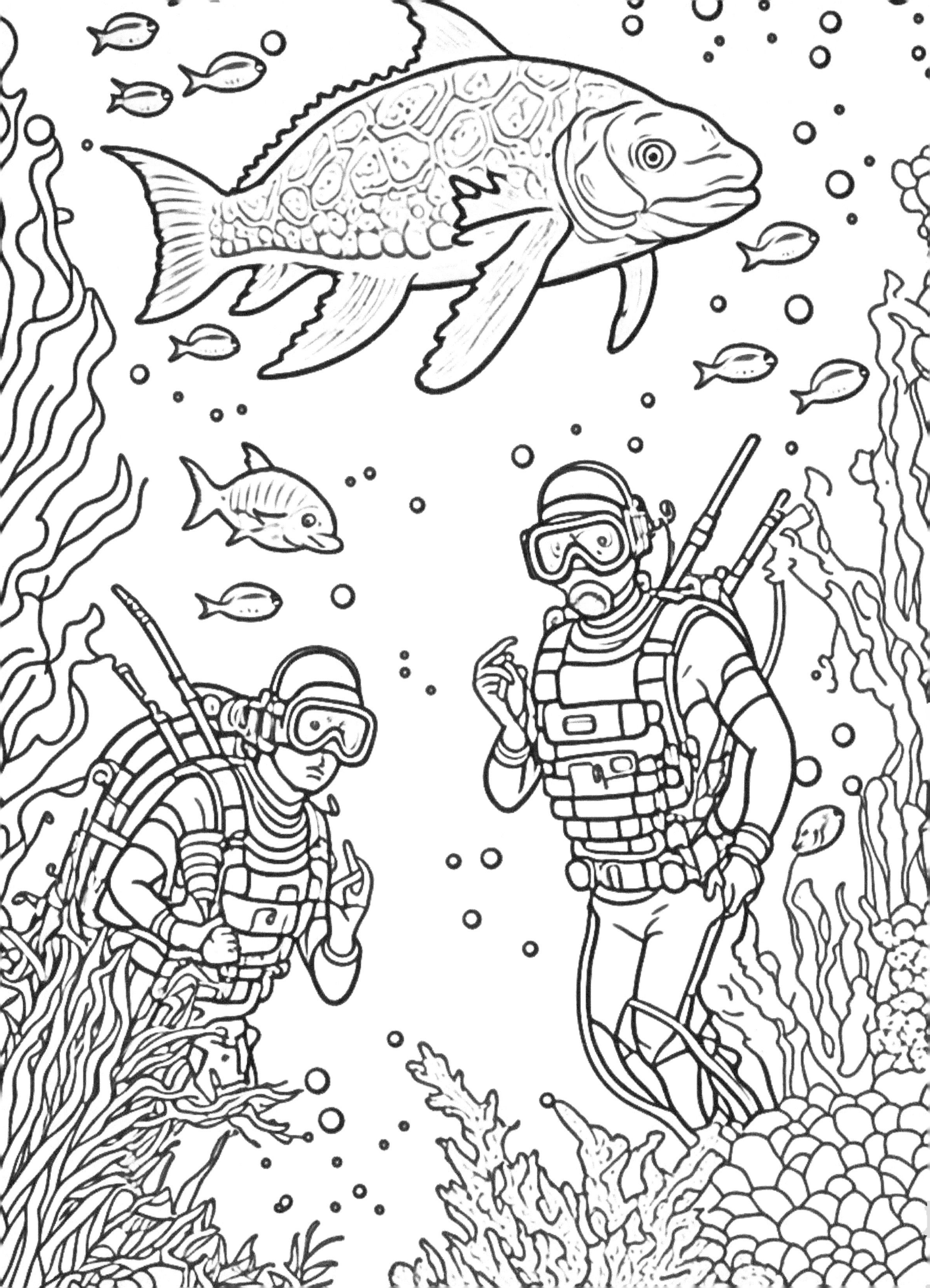

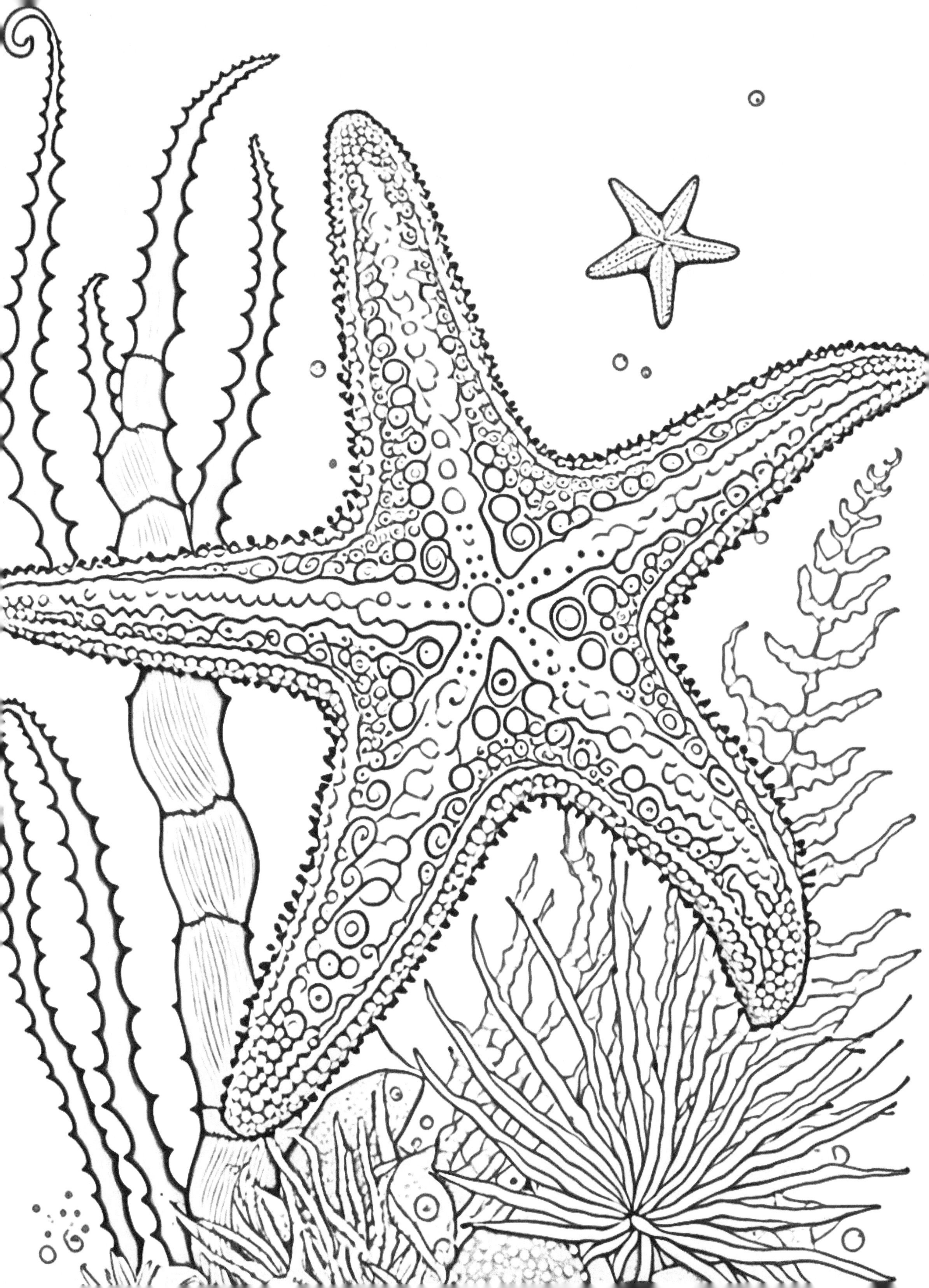

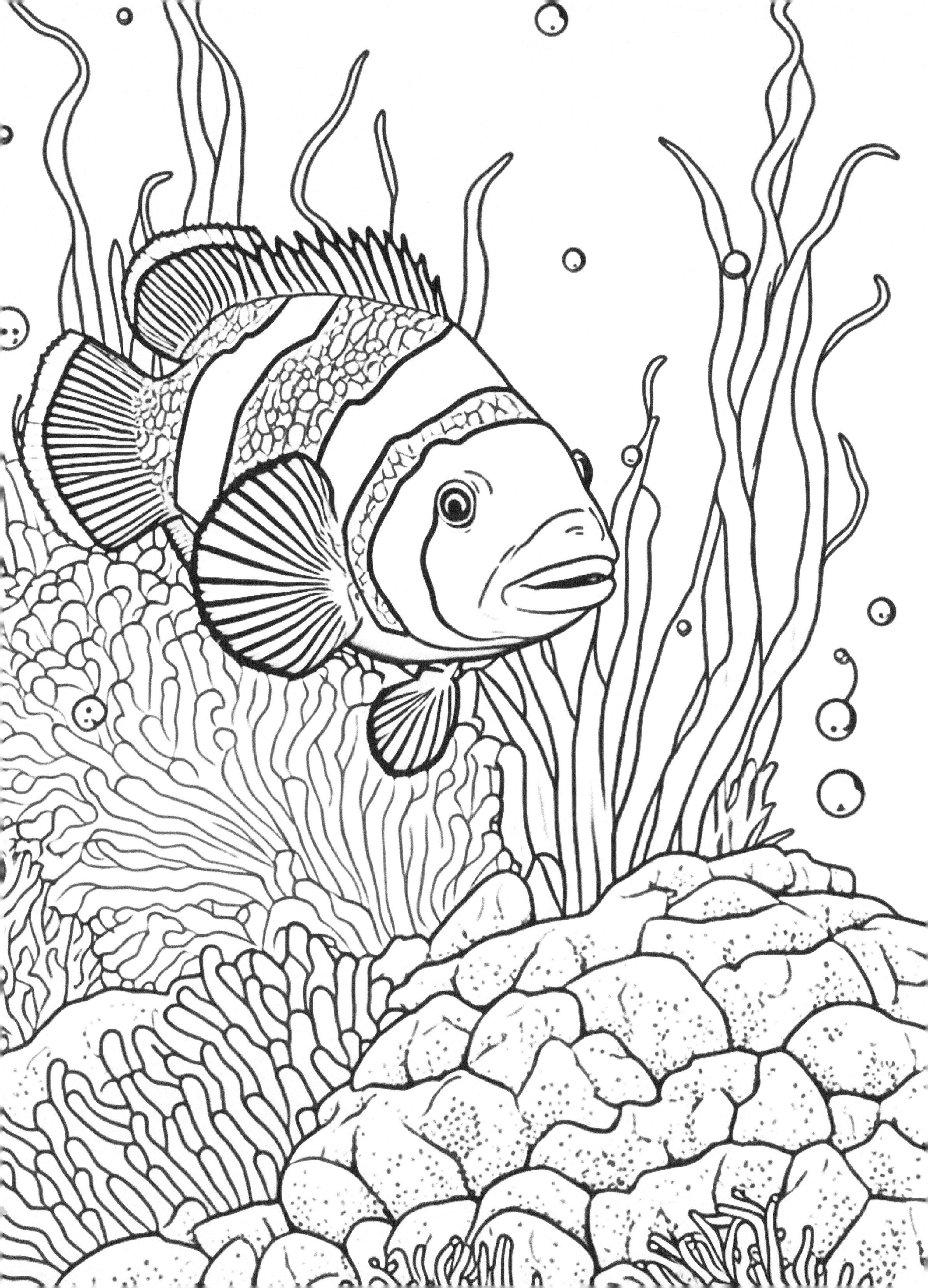

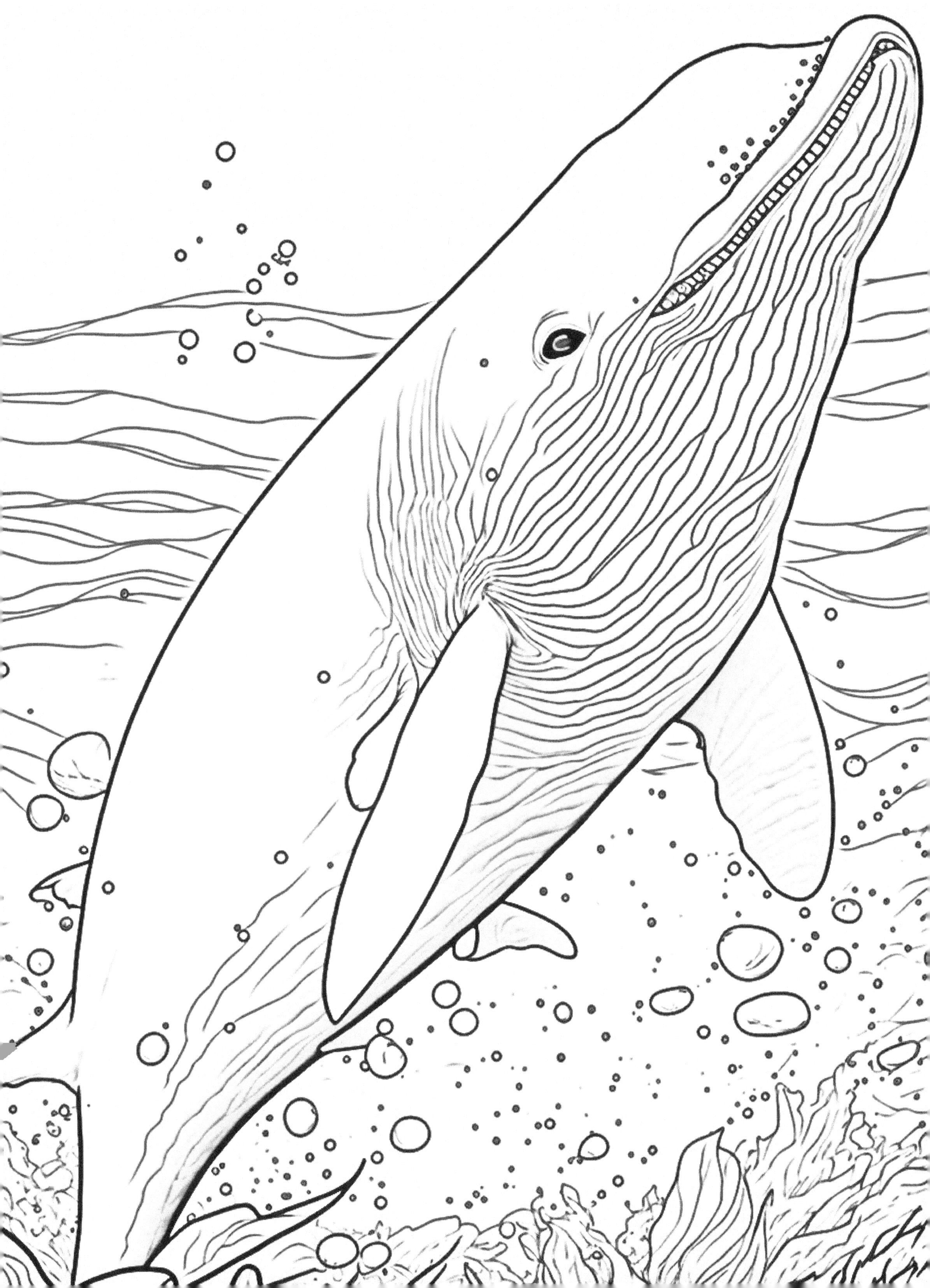

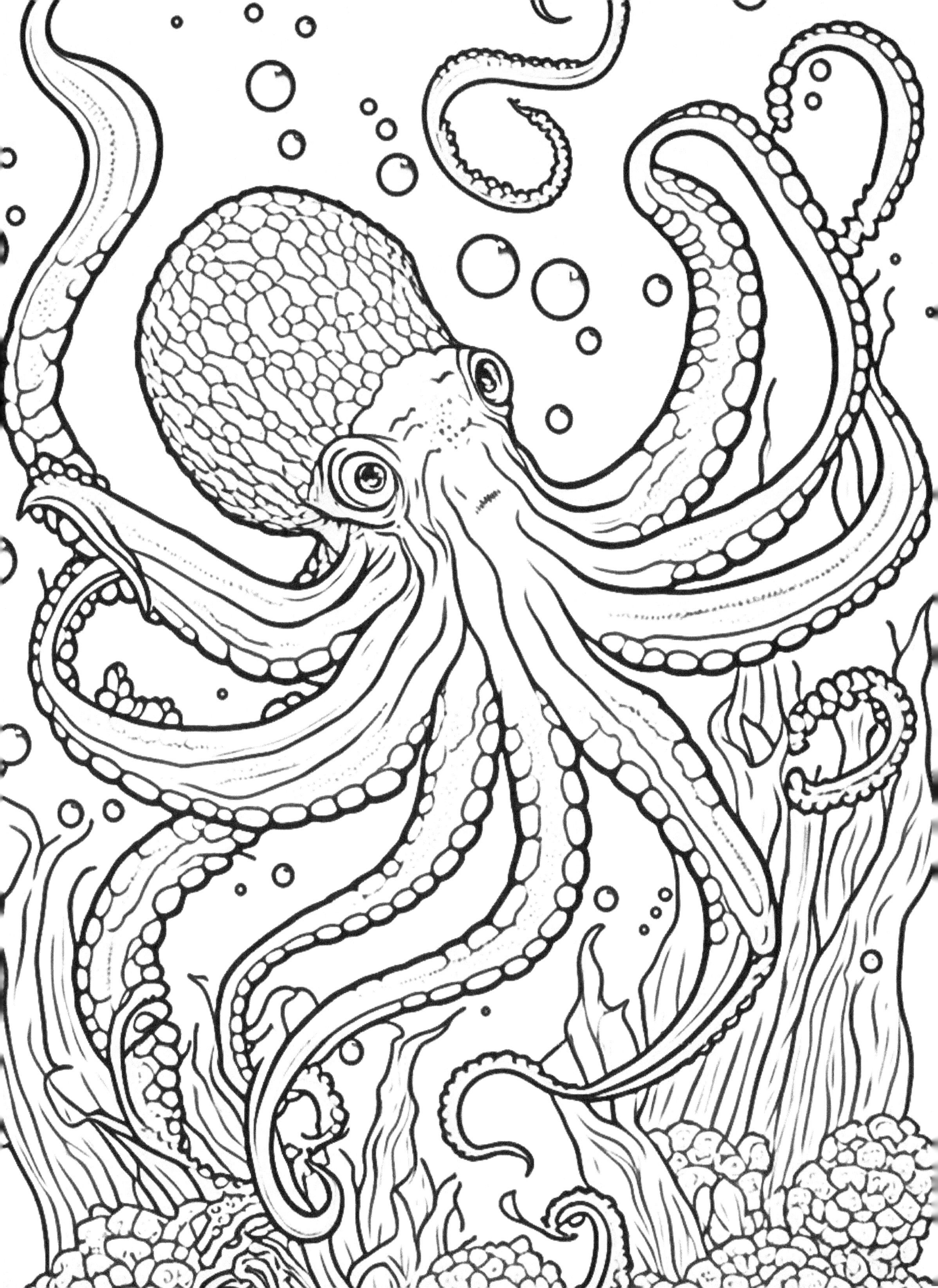

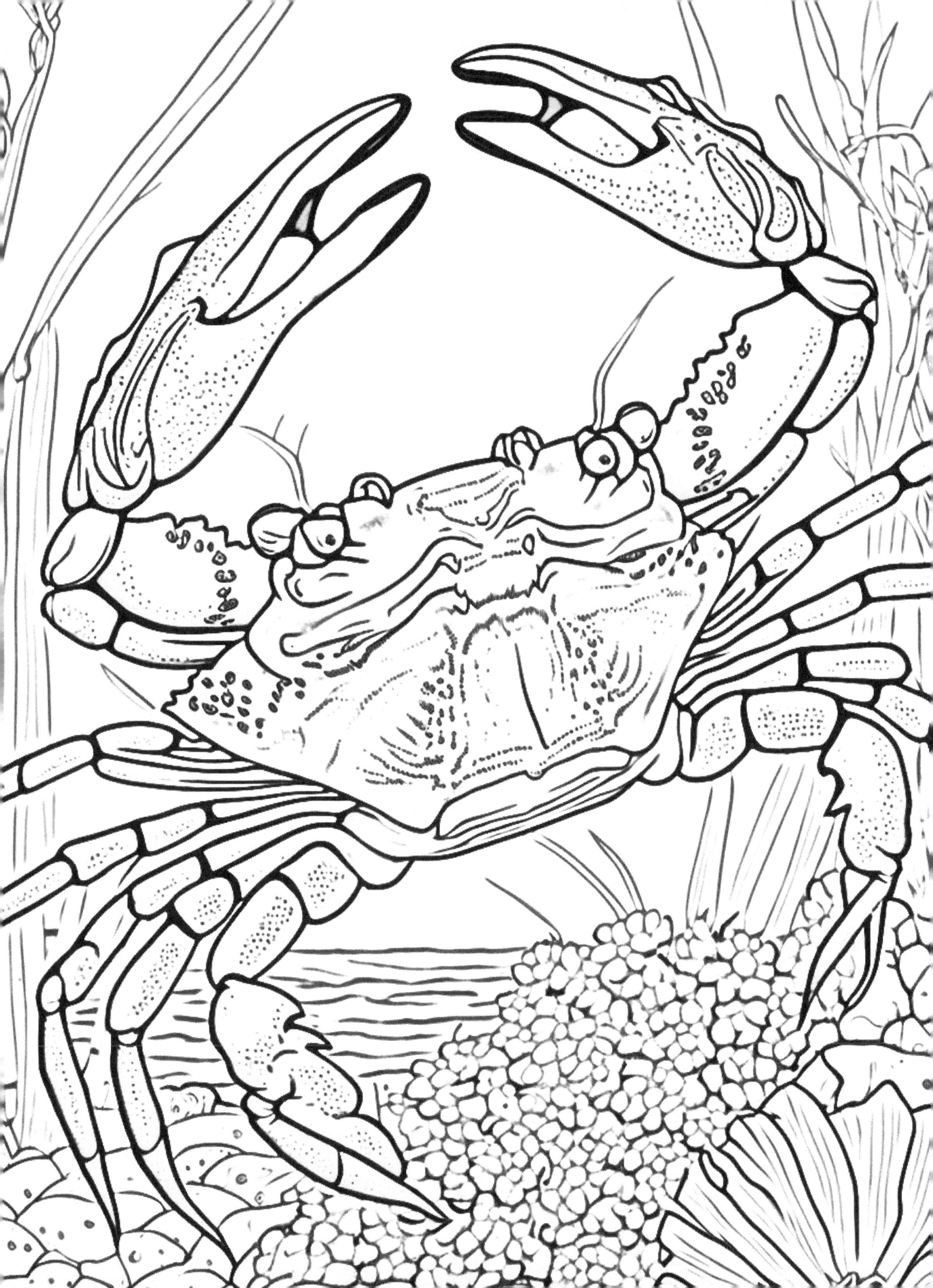

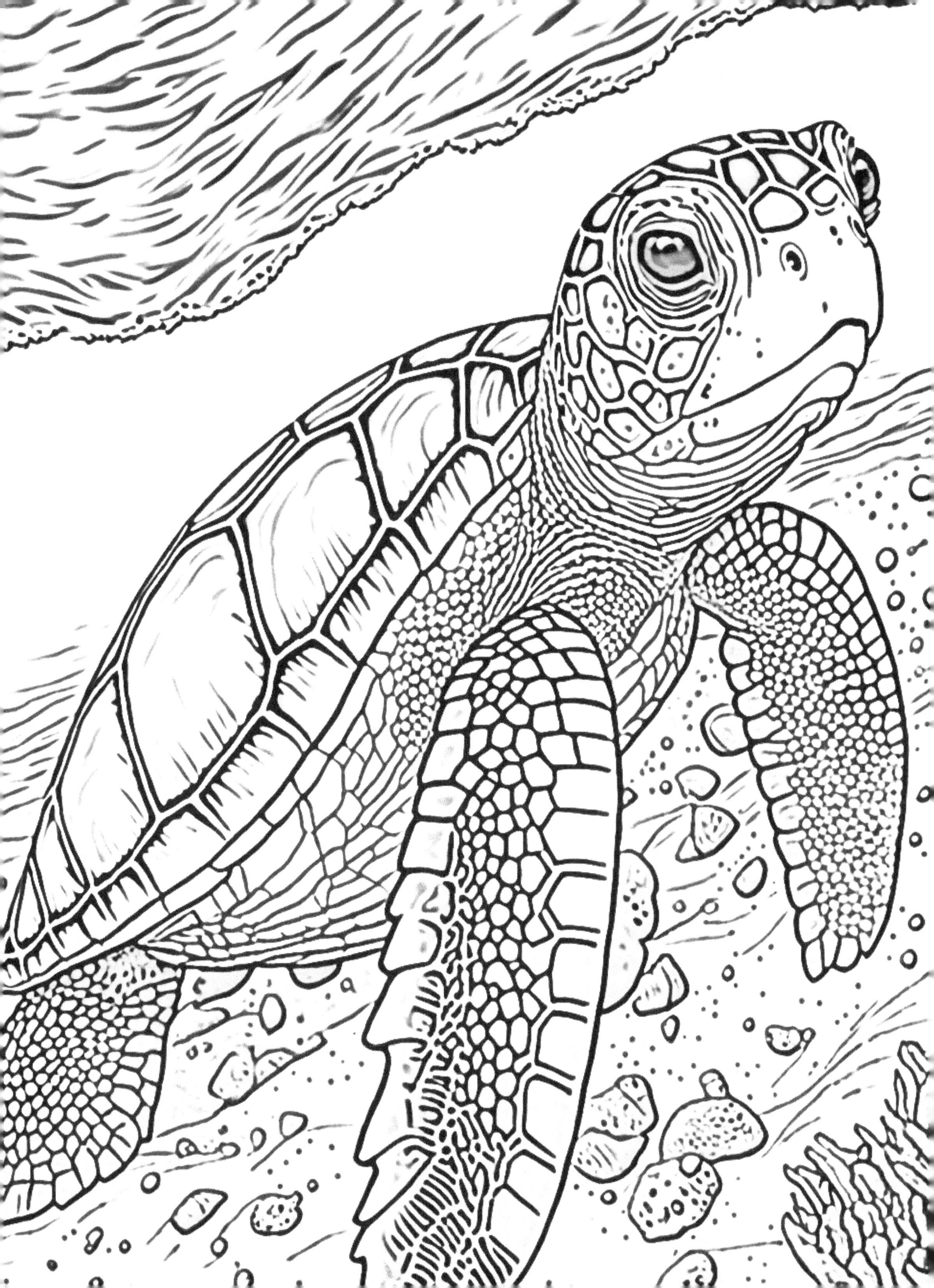

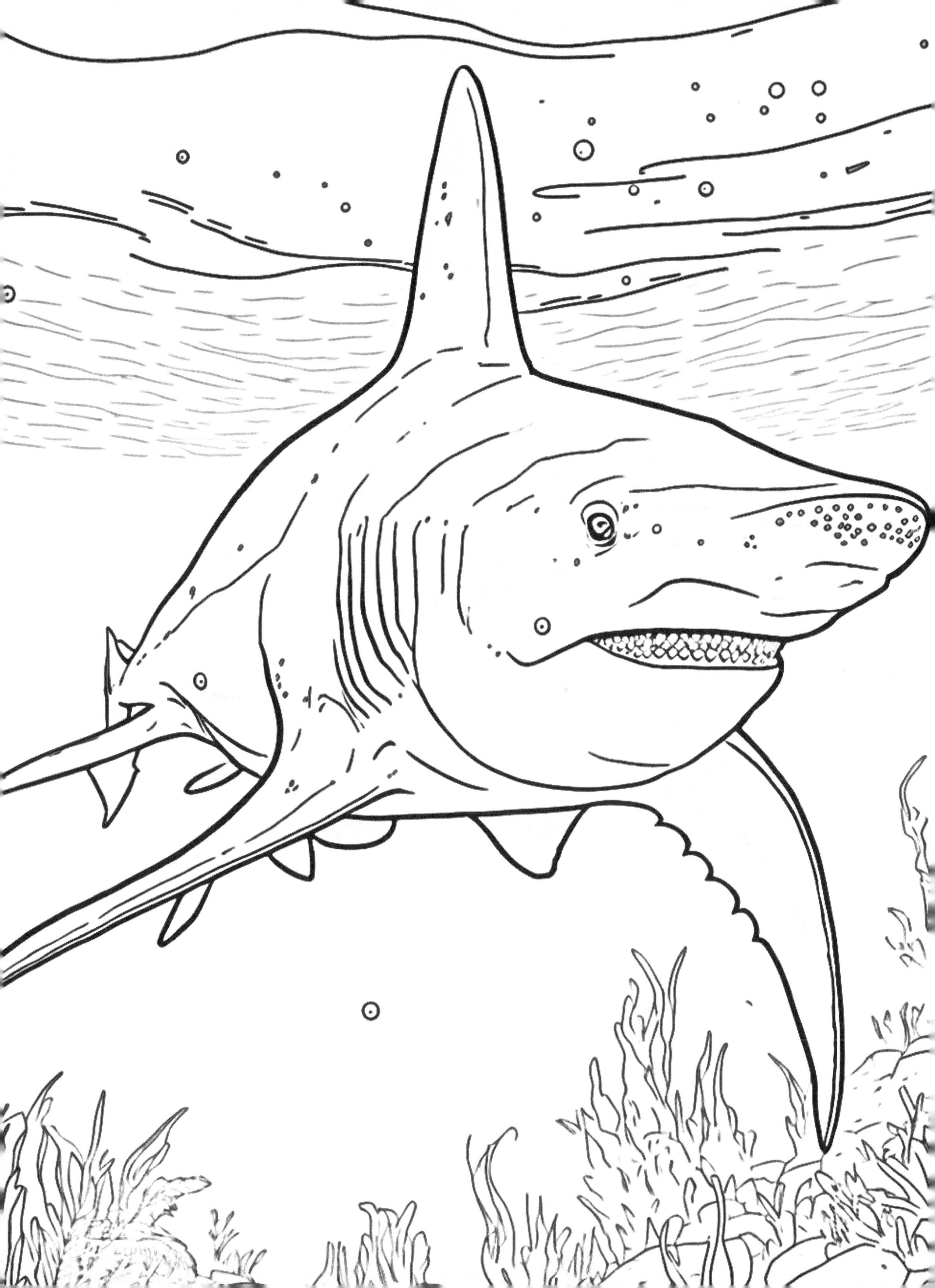

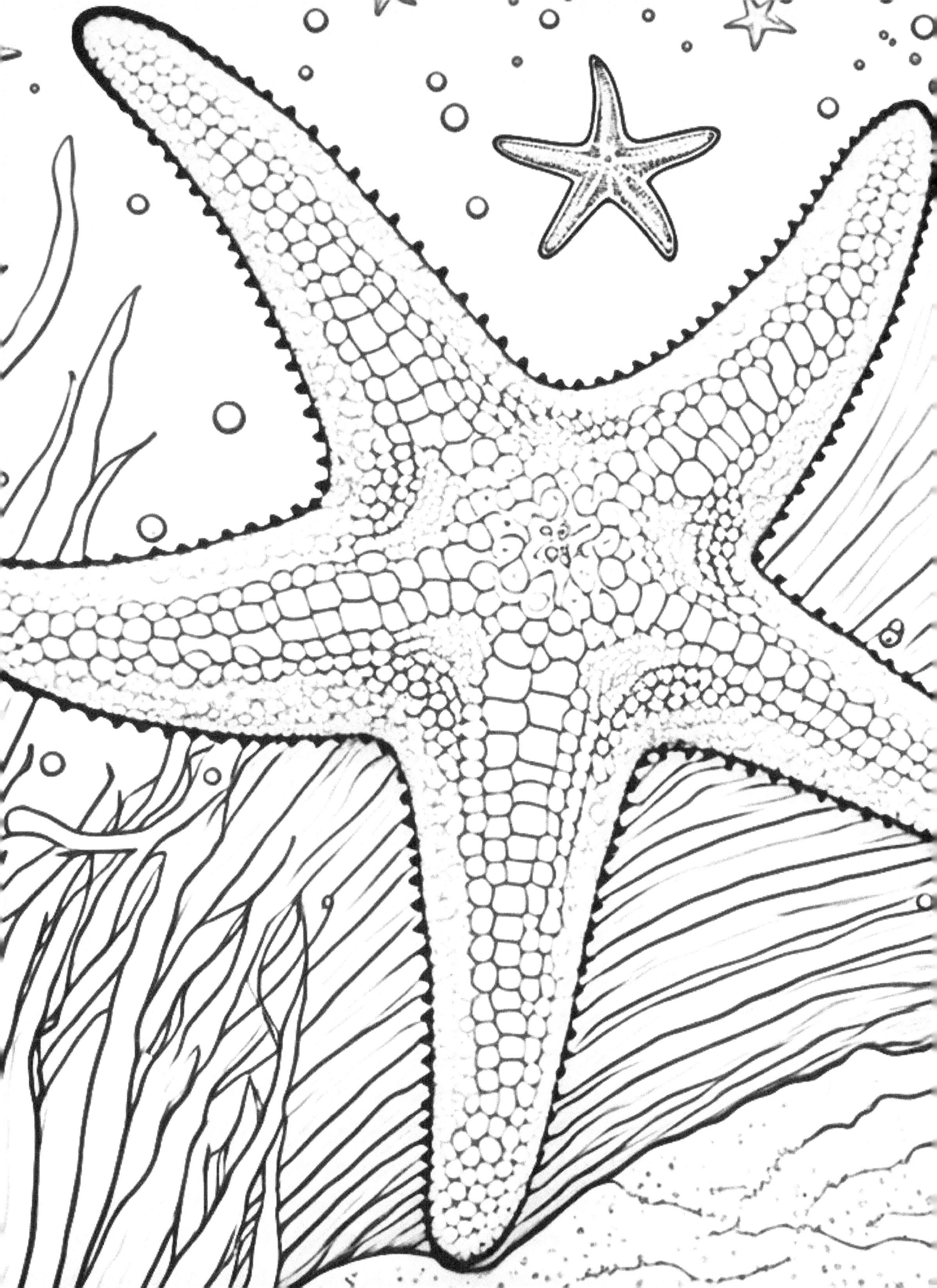

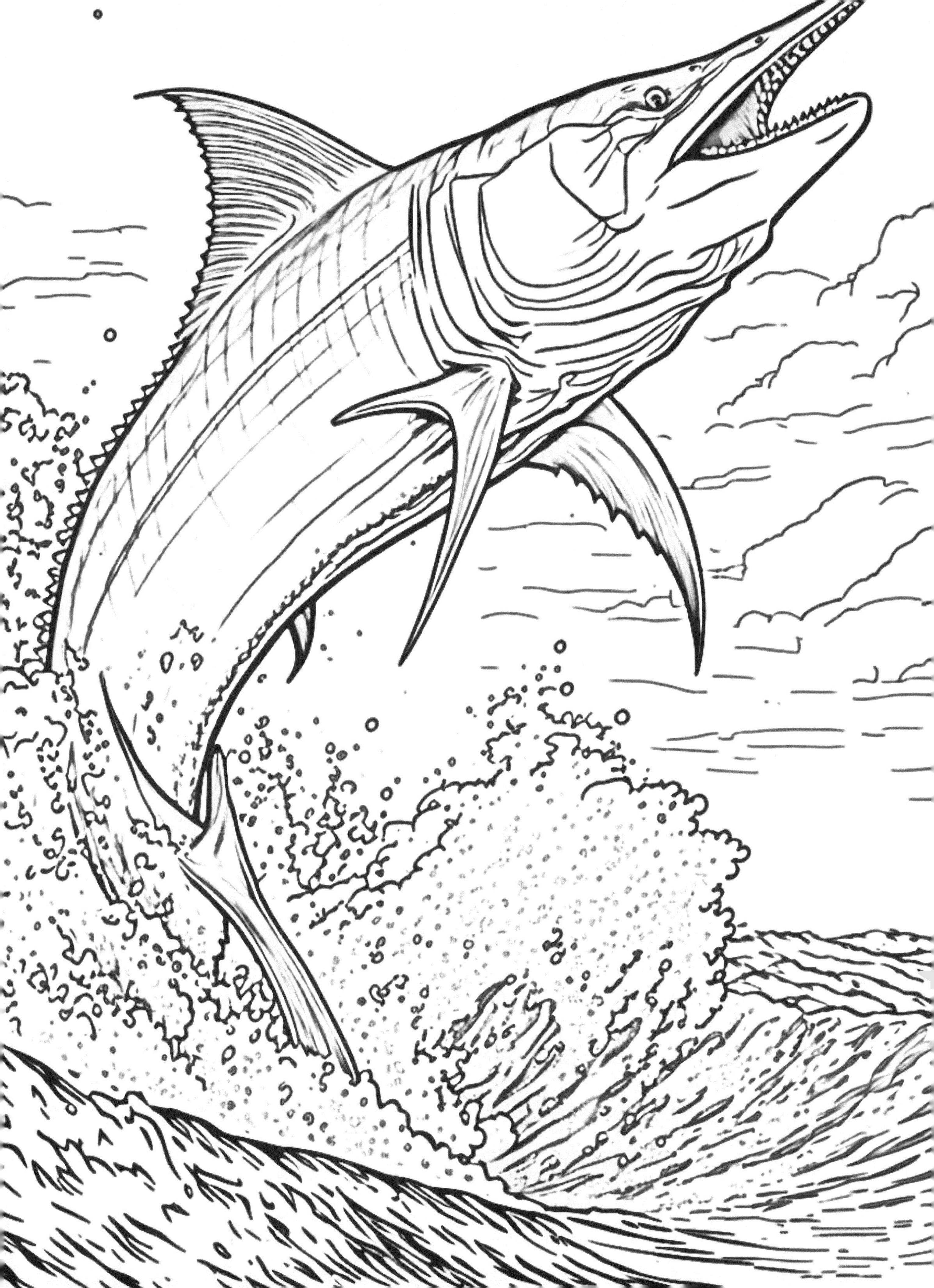

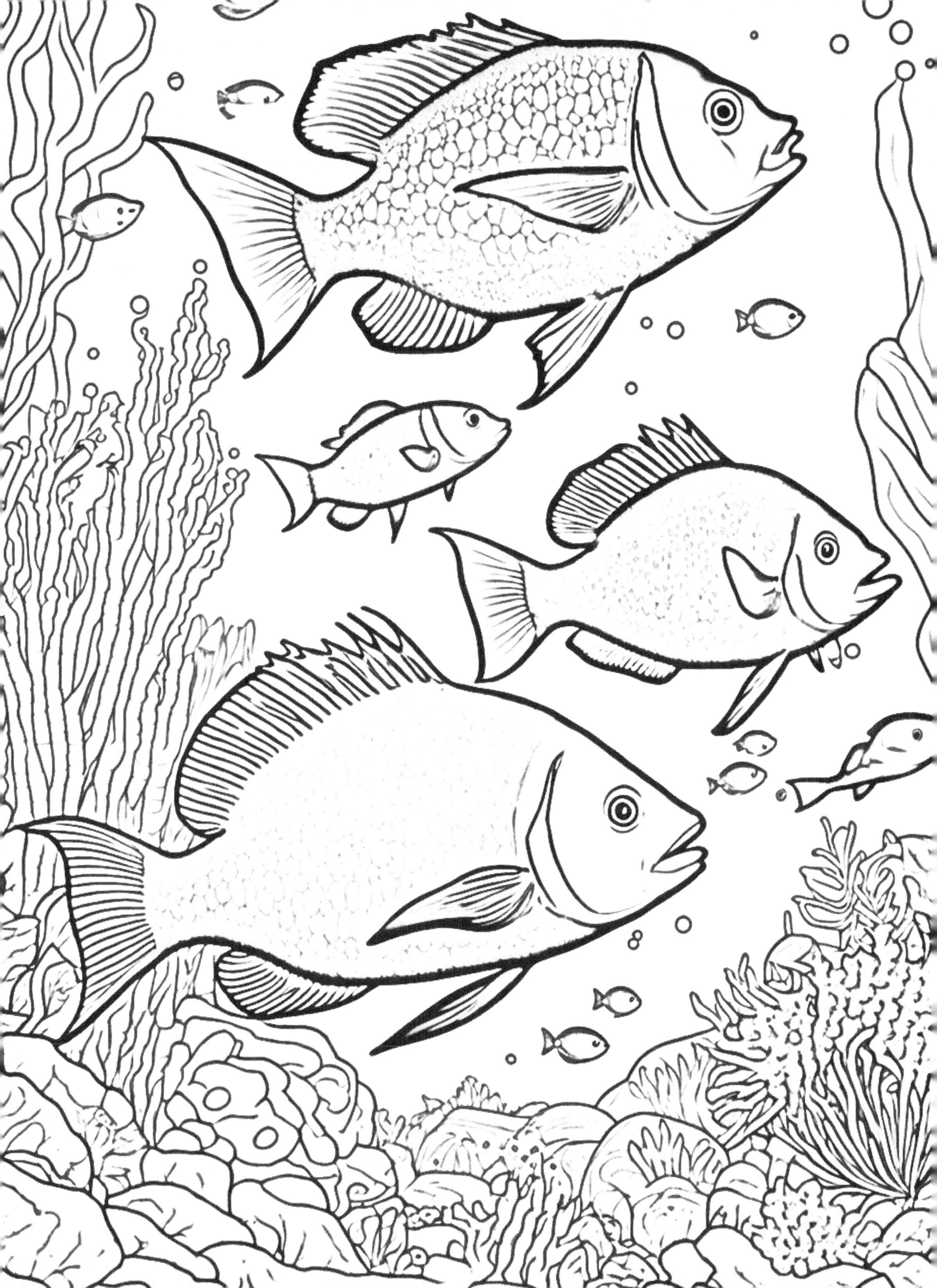

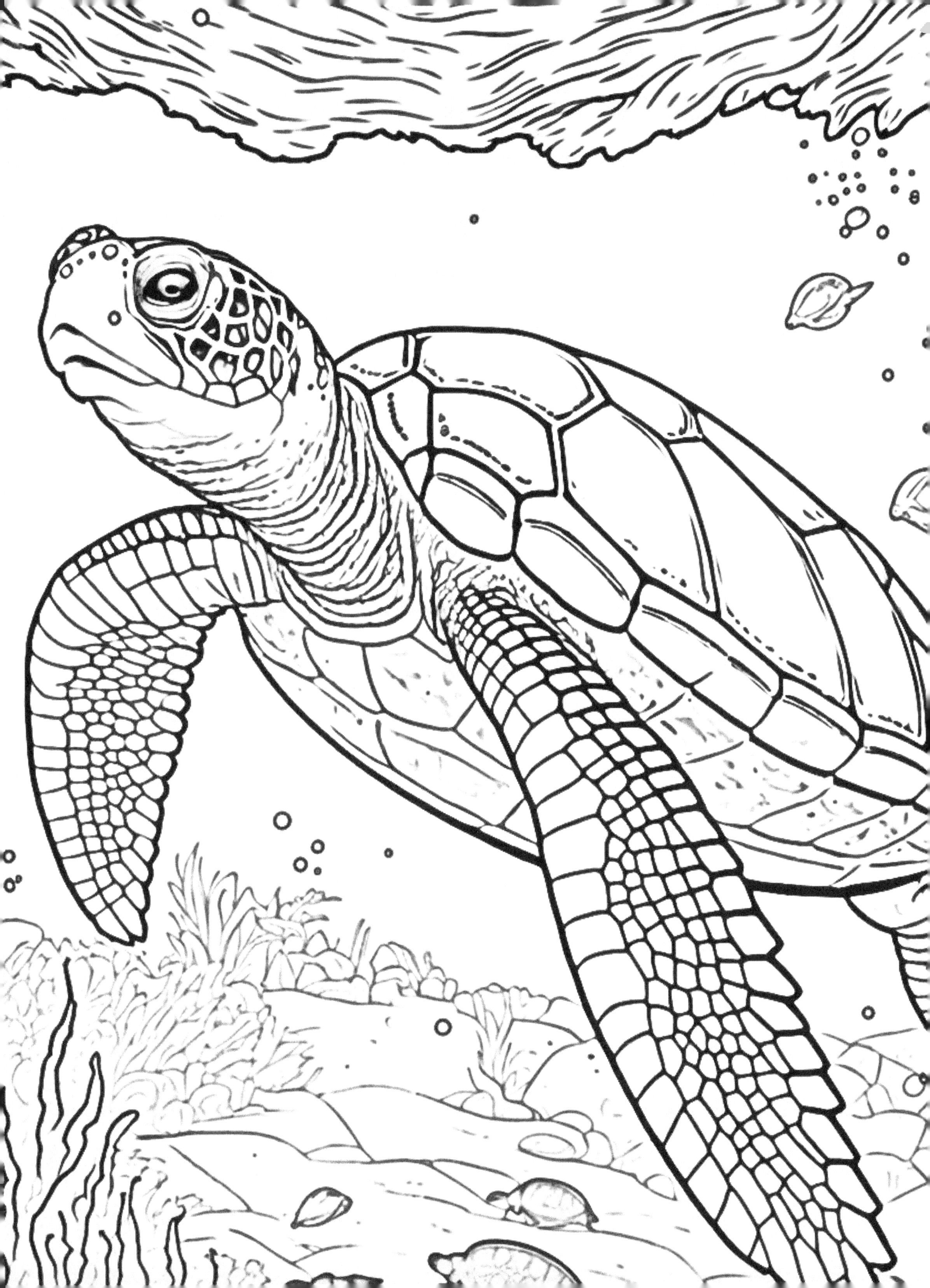

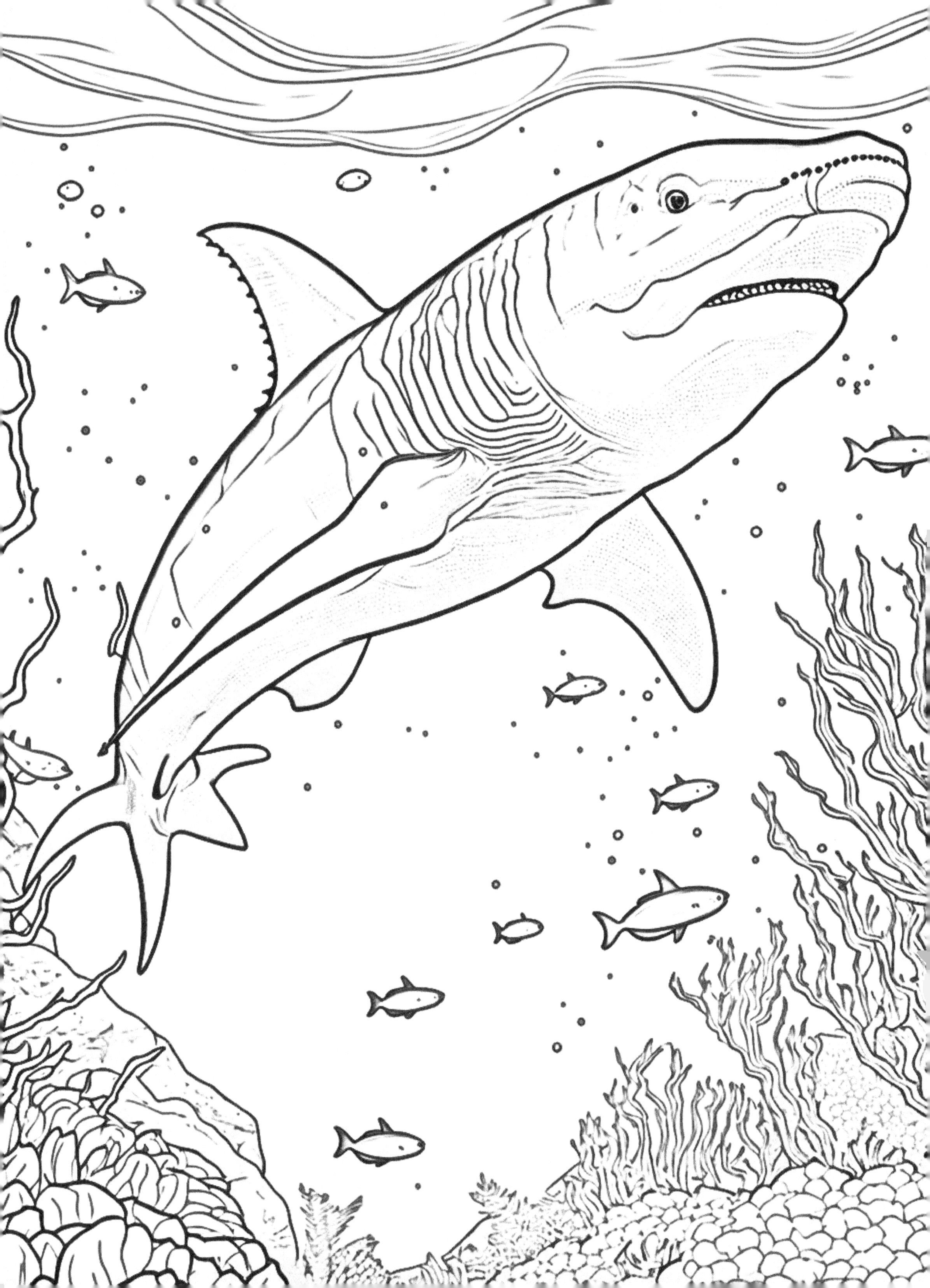